ŒUVRES COMPLÈTES

DE

SIR WALTER SCOTT.

Traduction Nouvelle.

PARIS,
A. SAUTELET ET C° ET CHARLES GOSSELIN
LIBRAIRES-ÉDITEURS.

M DCCC XXVII.

H. FOURNIER IMPRIMEUR.

ŒUVRES COMPLÈTES

DE

SIR WALTER SCOTT.

TOME SOIXANTE-TROISIÈME.

IMPRIMERIE DE H. FOURNIER,
RUE DE SEINE, N° 14.

REDGAUNTLET,

ROMAN DU DIX-HUITIÈME SIÈCLE.

« Allez, mon maître, allez: toujours franc et fidèle
« Jusqu'à mon dernier jour je vous suis avec zèle. »
SHAKSPEARE. *Comme il vous plaira.*

TOME TROISIÈME.

(Redgauntlet, a tale of the eighteenth century.)

REDGAUNTLET.

(Redgauntlet.)

CHAPITRE XIV.

CONTINUATION DE LA NARRATION.

Nous avons laissé Alan Fairford sur le pont du petit brick contrebandier, dans la situation désagréable où l'on se trouve quand on a l'esprit troublé par l'inquiétude, le corps agité par la fièvre, et que le mal de mer survient avec ses nausées. Les souffrances d'Alan n'étaient pourtant pas assez fortes pour l'occuper entièrement et détourner son attention de ce qui se passait autour de lui. S'il ne pouvait jouir de la vitesse et de l'agilité avec lesquelles le petit navire fendait les ondes, ou admirer la belle perspective du Skiddaw, élevant son front sourcilleux comme pour braver le Criffell qui, couronné de nuages, semblait régner sur la rive septentrionale du Solway, il avait assez de calme et de courage pour donner une attention particulière au capitaine du bâtiment, dont le caractère, suivant toutes les probabilités, était la seule garantie de sûreté qu'il pût avoir.

Nanty Ewart avait alors confié le gouvernail à un de ses marins, vieux contrebandier à tête chauve et à sourcils grisonnans, qui avait passé toute sa vie à contrevenir aux lois sur les douanes et l'excise, sauf les distractions de quelques mois de prison que lui avaient procurées de temps en temps ses contraventions découvertes.

Nanty assis près de Fairford, lui versait du thé, lui renouvelait ses offres de quelques boissons moins aqueuses, et paraissait désirer sincèrement de le soulager autant que les circonstances le permettaient. Alan eut ainsi l'occasion d'étudier de plus près sa physionomie et ses manières.

Il était évident qu'Ewart, quoique bon marin, n'avait pas été élevé pour cette profession. Il avait fait d'assez bonnes études, et semblait charmé de le prouver en citant fréquemment Salluste et Juvénal, tandis que les termes de son métier s'introduisaient rarement dans sa conversation. C'était ce qu'on pouvait appeler un homme de petite taille, mais bien fait; son teint avait été basané par le soleil des tropiques, et l'on y reconnaissait aussi, jusque dans le blanc de ses yeux, cette couleur jaunâtre qui indique la tempérament bilieux. Il était maigre, ou plutôt semblait avoir maigri; et tout son extérieur, en annonçant un homme encore alerte et actif, prouvait que sa constitution était épuisée par l'usage immodéré de son stimulant favori.

— Je vois que vous me regardez avec bien de l'attention, dit-il à Fairford. Si vous étiez un officier de ces maudites douanes, mes bassets auraient déjà aboyé. Il entr'ouvrit son gilet, pour montrer à Alan une paire de pistolets qui y étaient placés, appuyant un doigt en même temps sur le chien d'une de ces armes. Mais vous êtes un brave garçon, ajouta-t-il, quoique diablement discret. J'ose dire que vous me regardez comme une étrange pratique; mais je puis vous dire que ceux qui voient le navire sortir du port ne se doutent pas dans quelles mers il va naviguer; mon vieux père, pauvre brave homme! n'aurait jamais cru me voir capitaine de la Jenny-la-Sauteuse.

Fairford répondit qu'il était facile de voir que l'éducation qu'il avait reçue était bien au-dessus de l'état qu'il suivait.

— Oh! comme le Criffell est au-dessus de Solway-Moss! répondit Ewart. Oui, certes! j'aurais pu être un interprète des écritures, avec une perruque blanche comme la neige, et un revenu comme... comme... comme une centaine de livres sterling, je suppose. Eh bien, étant ce que je suis, j'en puis dépenser trois fois autant. Et il se mit à chanter un fragment d'une chanson des pêcheurs du Northumberland, en imitant parfaitement le *glouteron* (1) des habitans de ce comté :

> Connaissez vous Foster?
> Il est en mer.
> Mais avant peu, j'espère,
> Il reviendra;
> Et bien vite, ma chère,
> M'épousera.

(1) L'accent du Northumberland : on dit proverbialement que les habitans de ce comté ont un *glouteron* dans le gosier. — Éd.

— Je ne doute pas, dit Fairford, que votre occupation actuelle ne soit plus lucrative; mais je crois que si vous étiez entré dans l'Eglise, elle aurait pu être plus...

Il s'interrompit à ces mots, en songeant que rien ne l'obligeait à dire des vérités désagréables.

— Plus honorables, vous voulez dire, sans doute, dit Ewart avec un sourire moqueur; puis il garda le silence, et prit ensuite un ton plus sérieux, comme s'il eût éprouvé quelques remords de conscience.

— Vous avez raison, M. Fairford, ajouta-t-il, et j'aurais été mille fois plus heureux, quoique je n'aie pas été sans plaisirs. Mais il y avait mon père; Dieu le bénisse, le brave homme, c'était un vrai copeau du vieux tronc presbytérien! Il marchait dans sa paroisse comme un capitaine sur son gaillard d'arrière, et était toujours prêt à rendre service au pauvre comme au riche. Aussi le laird ôtait son chapeau au ministre aussi vite que le paysan son bonnet, dès qu'on l'apercevait... Mais que me fait tout cela à présent! Oui, c'était *vir pietate gravis*, comme le dit Virgile, *et sapientiâ*. Mais il n'en aurait été que plus sage s'il m'avait gardé à la maison, au lieu de m'envoyer, à dix-neuf ans, étudier la théologie à un cinquième étage, dans Covenant-Close. Ce fut une maudite méprise de la part du digne homme. Oui; et quoique mistress Cantrips de Kittlebaskit, car elle se donnait les airs d'avoir un surnom, fût notre cousine au cinquième degré, et qu'à cause de la parenté elle eût consenti à me prendre en pension, à raison de six shillings par semaine, au lieu de sept, ce fut une maudite épargne, comme la suite le prouva. Son air de dignité aurait dû me contenir, car jamais elle ne lisait un chapitre de la Bible si ce n'est dans un exemplaire de l'édition de Cambridge, imprimée par Daniel, et reliée en velours brodé. Je crois la voir encore à présent; et le dimanche, quand, au lieu de lait de beurre, nous avions une pinte de *two-penny* ale (1), on la servait toujours dans un pot d'argent. Ses lunettes étaient montées en même métal, tandis que celles de mon père ne l'étaient qu'en corne. Tout cela fit d'abord quelque impression sur moi; mais on s'habitue peu à peu à la splendeur. Diable! je puis à peine continuer mon histoire; elle me reste au gosier. Il faut boire quelque chose pour la faire passer. Eh bien, cette dame avait une fille, Jessy Cantrips, jeune égrillarde aux yeux noirs; et, comme le diable le voulut, il y avait ce maudit escalier conduisant à mon cinquième étage, sur lequel je ne manquais jamais de la rencontrer. J'aurais désiré l'éviter. Oui, sur mon ame! je l'aurais voulu, car j'étais aussi innocent qu'un jeune homme récemment débarqué de Lammermoor. Hélas! je n'avais aucun moyen de fuite ni de retraite pour échapper, à moins de pouvoir trouver des ailes, ou de prendre une échelle assez haute pour escalader la fenêtre de mon grenier. Mais à quoi bon conter les choses si longuement? Vous vous imaginez bien comment tout cela devait finir. Je l'aurais épousée; oui, de par le ciel! je l'aurais épousée; j'en aurais couru la chance, car c'était une jolie fille, et une honnête fille avant que nous nous fussions connus. Mais vous connaissez la vieille chanson;

L'église ne voulut pas.

Un homme riche, à ma place, aurait arrangé l'affaire,

(1) Ale à deux sous : qualité particulière de petite ale.
Éd.

pour un peu d'argent, avec le trésorier de l'Église ; mais le pauvre étudiant qui n'avait pas deux pence dans sa poche, après avoir épousé sa cousine de Kittlebaskit, aurait été obligé d'en proclamer la fragilité dans toute la paroisse, en montant sur le trône de repentir (1) de l'Église presbytérienne, et en déclarant, en face de toute la congrégation, que son amie, comme le dit Othello, était une c...n (2)?

— Dans cette extrémité, je n'osai rester où j'étais, et je pensai à retourner chez mon père. Mais auparavant, je chargeai Jack Hadaway, un de mes compagnons qui était de la même paroisse, et qui logeait comme moi sur le même palier de cet escalier infernal, de tâcher de s'assurer comment le brave homme avait pris la chose. J'eus bientôt la satisfaction d'apprendre, pour surcroît de consolation, que le vieillard avait fait autant de bruit que si, depuis notre père Adam, il ne fût jamais arrivé qu'un homme eût dîné sans dire son *benedicite*. Pendant six jours il ne fit que crier : — Ichabod, Ichabod, la gloire de ma maison est éclipsée! et le septième il prêcha un sermon dans lequel il appuya sur cet événement, comme donnant une grande leçon d'humilité. Je souhaite que sa conduite ait été pour lui une consolation ; mais elle fit que je fus honteux de montrer le bout de mon nez dans mon village. Je me rendis donc à Leith, et, changeant ma redingote de laine grise, filée par ma mère, pour une jaquette de matelot, je m'en-

(1) C'est sur un siége placé au milieu de la congrégation, que les anciens de l'Église forcent *le pécheur repentant* à faire amende honorable. Voir *Waverley* et *la Prison d'Édimbourg* sur cette expression. — Éd.

(2) *His love a Whore*. — Éd.

gageai dans la marine; je m'embarquai sur un navire qui allait à Portsmouth, où l'on armait une escadre pour les Indes occidentales. Là, je fus mis à bord de *l'Intrépide*, capitaine Daredevil (1), dans l'équipage duquel j'appris bientôt à ne pas plus craindre Satan, terreur de ma première jeunesse, que le matelot le plus endurci qui ait jamais marché sur un tillac. Quelque chose me pesait de temps en temps sur la conscience; mais j'employai le remède que je vous ai recommandé, et qui est aussi bon contre la faiblesse de l'ame que contre celle du corps. Voulez-vous en essayer? ajouta-t-il en offrant son flacon à Alan : non? eh bien, j'y aurai recours. A votre santé!

— L'éducation que vous aviez reçue n'a pas dû vous être très-utile dans votre nouvelle profession, dit Fairford.

— Pardonnez-moi, monsieur. A la vérité mon latin et mon grec ne m'ont pas été plus utiles qu'un vieux câble; mais je savais lire, écrire, compter, et c'est à quoi j'ai dû mon avancement. J'aurais pu être maître d'école, si ce breuvage tout-puissant, le rum, n'eût été trop souvent mon maître; de sorte que, de quelque côté que je fisse voile, j'étais toujours sous le vent. Nous fûmes quatre ans à griller sous ce climat infernal, et j'en revins enfin avec un peu d'argent provenant de mes parts de prises. J'avais toujours pensé à mettre ordre à mes affaires dans Covenant-Close, et à me réconcilier avec mon père. J'allai donc trouver Jack Hadaway, qui faisait conjuguer le verbe τυπτω à une douzaine d'enfants en guenilles. Oh! il avait à régaler mes oreilles d'une jolie

(1) Affronte-Diable. — Éd.

litanie d'histoires. Mon père avait prêché sept dimanches de suite sur ce qu'il appelait ma chute, et le huitième, quand ses paroissiens commençaient à se flatter que le sujet était épuisé, on l'avait trouvé mort dans son lit. Jack Hadaway m'assura que si je voulais faire pénitence de mes erreurs en subissant le destin du premier martyr, je n'avais qu'à aller dans mon village natal, où les pierres des rues se soulèveraient pour me lapider comme meurtrier de mon père. C'était un joli *item*. Ma langue resta collée contre mon palais pendant une heure, et ce ne fut pas sans peine qu'elle prononça enfin le nom de mistress Cantrips. — Nouvelle mine de consolations pour un des amis de Job! — Mon départ soudain, la mort non moins subite de mon père, avaient empêché le paiement des arrérages de ma pension. Mistress Cantrips avait pour propriétaire un marchand mercier dont le cœur ne valait pas mieux que les marchandises. Sans respect pour son âge et pour sa noble parenté, il chassa lady Kittlebaskit de son habitation aérienne. Son pot d'argent, ses lunettes montées en même métal, et sa Bible imprimée à Cambridge, furent vendus au plus offrant sur la place d'Édimbourg, et il ne lui resta d'autre ressource que la maison de charité ; encore n'y entra-t-elle pas fort aisément. Mais elle en sortit plus facilement au bout d'un mois, aussi morte que ses amis pouvaient le désirer. Joyeuses nouvelles pour moi qui avais été le... — il s'arrêta un moment, — l'*origo mali*. Diable ! je crois que ma confession sonnerait mieux en latin qu'en anglais.

Il me restait encore à apprendre la meilleure nouvelle. J'eus à peine la force de lui dire un mot de Jessy. Mais, ma foi, la réponse ne se fit pas attendre. J'avais appris un métier à Jessy; elle en avait appris un autre sans moi. Malheureusement l'un et l'autre étaient de contrebande, et Jessy Cantrips, fille de lady Kittlebaskit, avait eu l'honneur, environ six mois avant mon retour en Angleterre, d'être déportée comme vagabonde et voleuse de poches.

Quittant le ton affecté d'une plaisanterie amère, Nanty voulut essayer de rire, mais la nature s'y refusa; et passant sa main basanée sur ses yeux noirs, il dit d'un ton ému: — Pauvre Jessy!

Quelques instans de silence s'ensuivirent. Enfin Fairford, ayant pitié de la situation d'esprit du capitaine contrebandier, et croyant voir en lui un principe de noblesse et de grandeur d'ame qui aurait pu se développer sans sa première faute et la vie désordonnée qui en avait été la suite, renoua la conversation en lui demandant d'un ton de compassion comment il avait pu supporter le poids de tant de calamités.

— Fort bien, répondit le marin, parfaitement bien, à peu près comme un bon navire supporte une bourrasque. Que je me rappelle, oui, je me souviens d'avoir remercié Jack avec beaucoup de sang-froid des nouvelles aussi intéressantes qu'agréables qu'il venait de m'apprendre, et, tirant de ma poche une bourse de toile qui contenait ma cargaison de *moidores*, j'en pris deux ou trois, et lui donnai le reste en lui disant de le garder jusqu'à ce que je revinsse, attendu que j'allais faire une croisière à Édimbourg. Le pauvre diable me regarda d'un air surpris; mais je lui secouai la main, et le quittai dans une telle confusion d'idées, que, malgré ce que je venais d'entendre, je m'attendais à rencontrer Jessy à chaque coin de rue.

— C'était un jour de marché, et il y avait sur la place de la Croix, à Édimbourg, le nombre ordinaire d'oisifs, de fous et de fripons. Je remarquai qu'on me regardait d'un air singulier, et je crus même voir qu'on riait en me regardant. Je présume que j'avais probablement l'air étrange, et que peut-être je me parlais à moi-même. Quoi qu'il en soit, quand je me vis traité de cette manière, je mis en avant mes poings fermés, je baissai la tête comme un bélier qui va se battre, et partis droit devant moi, perçant la foule et renversant indistinctement les lairds nu-tête et les bourgeois à perruque. J'entendis crier : —Arrêtez le fou! mais j'avais de bons bras et de bonnes jambes, et il était inutile de songer à m'arrêter ou à me poursuivre. Je continuai à courir, et ce fut sans doute l'odeur de la mer qui me conduisit à Leith. Je restai quelques instants à me promener sur le rivage, admirant les cordages et les agrès des navires, et pensant quel ornement serait pour une proue un homme suspendu au bout d'une corde.

— J'étais en face du rendez-vous ordinaire des marins, j'y entrai; j'y trouvai une couple d'anciennes connaissances; j'en fis une demi-douzaine de nouvelles; j'y passai deux jours à boire; je m'embarquai pour Portsmouth, et j'y arrivai pour entrer à l'hôpital d'Haslaar, avec une fièvre chaude. N'importe, j'en guéris : rien ne peut me tuer. Je partis une seconde fois pour les Indes occidentales; car, puisque je n'allais pas où je le méritais, dans l'autre monde, je devais me trouver là dans un pays à peu près semblable. Des diables noirs pour habitans; des flammes pour élément; des tremblemens de terre pour divertissement. Eh bien, camarade, d'une manière ou d'une autre, je dis ou je fis quelque chose...

Je ne saurais vous apprendre quoi ; comment diable le pourrais-je, puisque j'étais ivre comme la truie de David (1)? J'en fus puni. On me fit caresser la fille qui ne parle jamais que pour gronder; ce que nous appelons la fille du canonnier (2), camarade. Oui, le fils du ministre de..., n'importe à quel endroit, porte encore sur son dos les marques du chat aux neuf queues (3). Ce traitement m'indigna, et quand nous fûmes à terre j'enfonçai trois pouces de la lame de mon poignard dans le corps de celui qui en était cause : exploit qui me força à me sauver. Je rencontrai un certain nombre

(1) Expression proverbiale dont voici l'origine : Un habitant du pays de Galles, nommé David Lloyd, qui tenait un cabaret à Hereford, avait une truie à six jambes, que tous les curieux venaient voir. Il avait aussi une femme très-sujette à l'ivrognerie, péché pour lequel il soumettait sa moitié à de fréquentes corrections conjugales. Un jour la femme de David, ayant bu un coup de trop et en redoutant les conséquences, donna la clef des champs à la truie, et s'étendit dans sa loge pour y attendre le retour de sa raison. Une société arriva sur ces entrefaites pour voir la truie. David mena ses hôtes à la loge, et s'écria : — La voilà! en avez-vous vu une plus extraordinaire? Un des curieux s'aperçut aussitôt de quoi il s'agissait, et répliqua que c'était la truie la plus ivre qu'il eût jamais vue. Depuis ce temps la femme porta le nom de *truie de David*. — Éd.

(2) Caresser la fille du canonnier, c'est être attaché à un canon et fustigé : châtiment en usage pour les mousses. — Éd.

(3) Le chat aux neuf queues, en termes de marins et dans le langage des soldats, est un fouet à neuf cordes ayant chacune neuf nœuds, dont on caresse les épaules, etc., des soldats anglais. Voyez sur cette description la comparaison que le général Foy établit entre le soldat français et le soldat anglais, dans son *Histoire de la guerre d'Espagne*. — Éd.

de gaillards qui ne manquaient pas de résolution, et.... peu m'importe qui le sache, nous mîmes à la voile à compte commun. Nous arborâmes le pavillon noir et les ossemens croisés, et je devins ami de la mer et ennemi de tout ce qui y naviguait.

Fairford, quoique assez embarrassé de se voir en liaison si étroite, lui homme de loi, avec un être qui avait mené une vie si désordonnée, crut pourtant devoir faire bonne mine à mauvais jeu, et demanda à M. Ewart, d'un ton aussi indifférent qu'il le put, s'il avait eu du bonheur comme corsaire.

— Non, le diable m'emporte! répondit Nanty. Du diable si j'y ai jamais gagné assez de beurre pour en étendre sur mon pain! Il n'y avait pas d'ordre parmi nous. Celui qui était capitaine aujourd'hui était chargé demain de balayer le pont; et quant au pillage, on dit que le vieil Avery et deux ou trois autres avares firent fortune autrefois par ce moyen ; mais de mon temps, tout ce qu'on avait partait aussi vite qu'on le gagnait, et par une bonne raison, car, si l'on avait su qu'un de nous possédait cinq dollars, on lui aurait coupé le cou dans son hamac; puis c'était un métier cruel, sanguinaire; n'en parlons plus. Je les abandonnai enfin, après avoir été témoin de la manière dont ils agirent à bord d'un petit bâtiment à deux mâts; n'importe ce que c'était, il fallait que ce ne fût pas peu de chose, puisque j'en eus horreur. Je décampai sans faire d'adieux à mes camarades, et je revins ici après la proclamation de l'amnistie accordée aux pirates, de sorte que je suis sans inquiétude à cet égard. Et vous me voyez aujourd'hui capitaine de la Jenny-la-Sauteuse ; ce n'est qu'une coquille de noix, mais elle fend l'eau comme un dauphin. Sans ce vieux hypocrite, demeurant à Annan, qui a la crème des profits, et qui ne veut courir aucun risque, je me trouverais assez bien, c'est-à-dire aussi bien que je puis le désirer. J'ai toujours près de moi mon meilleur ami (et en parlant ainsi il toucha son flacon); mais, pour vous dire la vérité, lui et moi nous nous sommes tellement accoutumés l'un à l'autre, que je crois qu'il ressemble à un plaisant de profession qui vous force à vous tenir les côtés de rire si vous ne le voyez que de temps en temps, mais qui vous stupéfie si vous vivez constamment ensemble. Après tout je réponds que le vieux coquin fait pour moi tout ce qu'il peut.

— Et que fait-il donc? demanda Fairford.

— IL ME TUE, répondit Nanty Ewart; et mon seul regret, c'est qu'il ne finisse pas sa besogne plus vite.

A ces mots il se leva, parcourut le pont pour donner quelques ordres, et les donna avec autant de précision et de clarté que de coutume, malgré la dose peu ordinaire d'eau-de-vie qu'il avait avalée pendant son récit.

Quoiqu'il s'en fallût que Fairford se trouvât mieux, il fit un effort sur lui-même pour se lever, et s'avança vers la proue, autant pour jouir de la belle vue qu'offraient les côtes dans l'éloignement, que pour voir de quel côté se dirigeait le brick; mais, à sa grande surprise, au lieu de se rapprocher des côtes de l'Angleterre, le navire semblait faire voile pour entrer dans la mer d'Irlande. Il appela Nanty Ewart, lui témoigna sa surprise de la marche que suivait le bâtiment, et lui demanda pourquoi il ne se dirigeait pas vers quelque port du Cumberland.

— Voilà ce que j'appelle une question bien raisonnable, répondit Nanty; comme si un vaisseau pouvait entrer dans le port pour lequel il est frété, aussi droit qu'un cheval dans son écurie; ou comme si un bâtiment contrebandier pouvait naviguer aussi librement qu'un cutter de la marine royale ! Je vais vous l'expliquer, camarade; si je ne vois pas de fumée à Bowness, village situé sur le promontoire que vous apercevez là-bas, je tiendrai la mer au moins vingt-quatre heures, car il faut que nous conservions le vent si les faucons ont pris leur essor.

— Et si vous voyez le signal de sûreté, que ferez-vous ?

— Je garderai le large jusqu'à la nuit, et alors je vous débarquerai à Skinburness, vous, les barils et toute ma cargaison.

— Et j'y trouverai le Laird pour qui j'ai une lettre ?

— C'est ce que nous saurons par la suite. La direction du brick est tracée, on sait où il doit aborder, au lieu qu'il n'est pas facile de dire où l'on peut trouver le Laird; mais il sera à une vingtaine de milles de nous, en avant ou sur les côtes, et ce sera mon affaire de vous conduire près de lui.

Fairford ne put se défendre d'un frisson qui le saisit malgré lui, quand il songea tout à coup qu'il était entièrement au pouvoir d'un homme autrefois pirate, de son propre aveu, maintenant contrebandier, et probablement proscrit par les lois. Nanty Ewart s'aperçut de ce mouvement, et crut en deviner la cause.

— Et de quoi diable avez-vous peur ? dit-il; n'ai-je pas toujours joué franc jeu ? Oui, oui, la Jenny-la-Sauteuse peut porter d'autres marchandises que des barils d'eau-de-vie. Mettez un S et un T devant Ewart (1); y êtes-vous à présent?

— Non, en vérité; je ne comprends nullement ce que vous voulez dire.

— Par Jupiter! vous êtes l'homme le plus malin ou le plus borné que j'aie jamais vu, ou vous n'êtes pas ce que je vous croyais, après tout! Où diable Summertrees a-t-il pêché un homme de votre espèce? Voulez-vous me montrer sa lettre?

Fairford n'hésita pas à le satisfaire, car il savait qu'il n'avait aucune possibilité de faire résistance. Le capitaine regarda l'adresse avec beaucoup d'attention, tourna la lettre dans tous les sens, considéra chaque trait de plume comme il eût examiné les détails d'un manuscrit chargé d'ornemens, et la rendit à Fairford sans prononcer un seul mot.

— Suis-je ce que vous croyez, maintenant? demanda Fairford.

— La lettre est ce que je crois, répondit Nanty; je n'ai guère à en douter. Quant à ce que vous êtes, vous qui en êtes porteur, c'est votre affaire, et non la mienne. Et frappant une pierre à fusil avec le dos d'un couteau, il alluma un gros cigarre, et se mit à fumer paisiblement.

Le jeune avocat continua à le regarder d'un air mélancolique, partagé entre l'intérêt que lui inspirait cet homme infortuné, et la crainte qu'il éprouvait assez naturellement sur l'issue de son entreprise.

Ewart, malgré la vertu stupéfiante de son consola-

---

(1) Ce qui fait Stewart (Stuart) nom de la famille détrônée.

Éd.

teur, parut deviner ce qui se passait dans l'esprit de son passager ; car après qu'ils furent restés quelques minutes à se regarder l'un l'autre en silence, le capitaine jeta tout à coup son cigarre sur le tillac, et dit à Alan :

— Eh bien donc, si vous en êtes fâché pour moi, j'en suis fâché pour vous ; et du diable si j'aurais donné un de mes boutons pour qui que ce fût depuis deux ans que j'ai vu pour la dernière fois Jack Hadaway. Le drôle était devenu gras comme une baleine de Norwège. Il avait épousé une grande fille bâtie en hollandaise, qui lui avait fait don de six enfans. Je crois qu'il ne me reconnut pas, et qu'il s'imagina que j'étais quelque voleur. Cependant je pris un air d'humilité, et lui dis qui j'étais. Le pauvre Jack m'aurait donné volontiers alors la vie et l'habit, et il se mit à me parler de mes moidores qu'il avait placés à la Banque, et qui étaient, me dit-il, à ma disposition. Mais, quand je lui eus conté quelle vie j'avais menée, il changea bien de gamme, et il aurait voulu me payer sur-le-champ pour se débarrasser de moi plus vite. Jamais je n'ai vu figure plus épouvantée. Je partis d'un grand éclat de rire, lui dis que tout cela n'était que plaisanterie, que les moidores étaient à lui, et je m'en allai en faisant laisser chez lui un sac de thé et un baril d'eau-de-vie. Pauvre Jack ! Je crois que, depuis dix ans, il n'y a que vous et lui qui auriez donné une pipe de tabac pour Nanty Ewart.

— C'est peut-être, M. Ewart, parce que vous vivez habituellement avec des gens trop occupés du soin de leur propre sûreté pour s'inquiéter beaucoup des chagrins des autres.

— Et avec qui vivez-vous habituellement, s'il vous plaît ? Je vais vous le dire. Avec des intrigans dont les machinations ne peuvent aboutir à rien de mieux qu'à les faire pendre ; avec des incendiaires qui battent le briquet sur de l'amadou humide. Vous ressusciterez les morts avant de soulever les montagnards. Vous ferez grogner une truie morte avant d'obtenir un cri en votre faveur dans le pays de Galles ou dans le comté de Chester. Vous croyez que, parce que le pot bout, il n'y a que votre écume qui puisse surnager. Je sais mieux que vous ce qui en est... de par tous les diables ! Ces émeutes et ces insurrections que vous regardez comme si favorables à notre cause n'y ont pas le moindre rapport ; et le meilleur moyen de rétablir l'union et la concorde dans tout le royaume serait d'y jeter l'alarme par une entreprise semblable à celle dans laquelle ces vieux fous ont envie de s'embarquer.

— Je ne suis réellement pas admis dans les secrets du genre de ceux dont vous parlez, répondit Fairford. — Mais voulant en même temps profiter autant qu'il le pourrait de l'humeur communicative de Nanty, il ajouta en souriant : — Et, quand j'en serais confident, je ne croirais pas que la prudence permît d'en faire un sujet de conversation. Mais, bien sûrement, des gens aussi sensés que Summertrees et le Laird peuvent correspondre ensemble sans offenser le gouvernement.

— Je vous y prends, camarade, je vous y prends, s'écria Nanty Ewart, sur la tête duquel l'eau-de-vie et le tabac commençaient enfin à exercer leur influence. Quant à savoir si ces deux têtes folles peuvent légalement correspondre ensemble, c'est une question sur laquelle nous dirons *transeat*, comme eût parlé notre vieux professeur. Je ne dirai rien de Summertrees, parce que je le connais pour un vieux renard. Mais pour ce camarade qu'on nomme le Laird des Lacs, je dirai que c'est un tison dans le pays; qu'il cherche à ameuter de braves gens qui devraient boire tranquillement leur eau-de-vie, en leur racontant des histoires de leurs ancêtres et de 1745; qu'il travaille à ramener toute l'eau sous les roues de son moulin, et qu'il déploie ses voiles à tous les vents. Et parce que les habitans de Londres font quelques plaintes qui ne regardent qu'eux, il s'imagine qu'il n'a qu'à lever le doigt pour en faire ce qu'il voudra. Je sais qu'il y a des gens qui l'encouragent dans ses projets: les uns parce qu'ils veulent en tirer de l'argent; les autres parce qu'ils ont combattu autrefois pour cette cause, et qu'ils sont honteux de se dédire; ceux-ci parce qu'ils n'ont rien à perdre; ceux-là parce qu'ils sont fous et mécontens. Mais, s'il vous a attiré, vous ou tout autre, je ne dis pas qui, dans son bourbier, en lui donnant l'espérance de faire quelque bien, c'est un canard dont on se sert pour en attraper d'autres. Voilà tout ce que je puis dire en sa faveur; et vous, vous êtes un oison, ce qui est pire que d'être canard trompeur ou trompé, et par conséquent je bois à la prospérité du roi George III et de la vraie religion presbytérienne; confusion au pape, au diable et au Prétendant! Je vous dirai, M. Fairbairn (1), que je ne suis propriétaire que pour un dixième de ce petit bâtiment, la Jenny-la-Sauteuse; je dois donc me conformer aux ordres de mes armateurs. Mais, si j'en étais seul propriétaire, M. Fairford, je n'en ferais pas une espèce de bac de communication entre vos vieux jacobites. Non, sur mon ame! ils marcheraient eux-mêmes sur

(1) Beau garçon, etc. Toujours le même *jeu de mot varié*.—Éd.

le tillac, de par tous les dieux ! comme je l'ai vu faire à des gens qui valaient mieux qu'eux. Mais ayant sur mon bord des marchandises de contrebande, et des ordres pour leur destination, il faut que je fasse les manœuvres qui me sont ordonnées. — John Roberts, ayez soin du gouvernail. — Ainsi donc, M. Fairweather, vous voyez que tout ce que je fais, c'est, comme le dit ce damné de Turnpenny, *par suite d'affaires.*

Depuis cinq minutes, il ne parlait qu'avec difficulté, et en finissant ces paroles il tomba sur le tillac, réduit au silence par l'abondance de liqueurs spiritueuses qu'il avait avalées, mais sans avoir laissé échapper une seule étincelle de la gaieté ni même de l'extravagance qui accompagnent ordinairement l'ivresse.

Le vieux Roberts, le voyant endormi, vint le couvrir d'un manteau. — C'est dommage qu'il ait ce défaut, dit-il à Fairford ; sans cela jamais homme plus habile n'aurait appuyé une semelle de cuir sur les planches d'un vaisseau.

— Et qu'allons-nous faire maintenant ? lui demanda Alan.

— Courir des bordées, à coup sûr, jusqu'à ce que nous apercevions le signal ; et alors obéir à nos ordres.

Le vieux marin donna toute son attention au gouvernail, et laissa à son passager le soin de s'amuser de ses propres réflexions. Quelques minutes après, on vit une légère colonne de fumée s'élever au-dessus du petit promontoire que Nanty avait montré à Fairford.

— A présent je puis vous dire ce que nous allons faire, dit John Roberts : nous allons nous tenir au large jusqu'à la marée du soir ; alors nous dirigerons vers Skinburness, et, s'il ne fait pas clair, nous pourrons entrer dans la rivière de Wampool, et vous mettre à terre, avec la grande chaloupe, dans les environs de Kirkbride ou de Leaths.

Fairford, déjà mal à son aise, se sentit condamné par cet arrêt à une agonie prolongée de plusieurs heures, que le dérangement de son estomac et la pesanteur douloureuse de sa tête le rendaient peu en état de supporter. Cependant il n'y avait d'autre remède que la patience, et d'autre consolation que le souvenir qu'il souffrait pour la cause de l'amitié. Lorsque le soleil fut au plus haut point au-dessus de l'horizon, ses souffrances augmentèrent; son odorat parut acquérir plus de finesse que jamais, uniquement pour lui faire mieux distinguer les détestables exhalaisons dont il était entouré, depuis celle de la poix et du goudron jusqu'à celle des marchandises de diverses espèces qui se trouvaient à fond de cale.

Les marins, voyant combien il souffrait, lui montrèrent toute la civilité qu'on pouvait attendre de leur profession. L'un d'eux étendit sur sa tête une vieille voile, pour le mettre à l'abri du soleil, un autre lui prépara de la limonade, seul breuvage qu'Alan pût se décider à prendre. Enfin, après l'avoir bue, il obtint quelques heures d'un sommeil si agité, qu'il semblait plutôt une cruelle insomnie.

CHAPITRE XV.

CONTINUATION DE LA NARRATION.

Alan Fairford avait plus d'énergie morale que de force physique. Quand il s'éveilla, après cinq ou six heures d'un sommeil troublé, il se trouva tellement accablé par des élancemens dans la tête et des douleurs dans tous les membres, qu'en dépit de tous ses efforts il lui fut impossible de se lever sans assistance. Il apprit avec quelque plaisir qu'on allait entrer dans la rivière de Wampool, et qu'il serait mis à terre incessamment. Le brick ne tarda pas à jeter l'ancre, hissa son pavillon en berne, et on lui répondit du rivage par un autre signal. Presque au même instant on vit descendre, le long d'un mauvais sentier qui conduisait au rivage, des hommes menant des chevaux équipés de manière à porter des fardeaux. Une vingtaine de barques de pêcheurs furent mises en mer en même temps, et ceux qui les montaient arrivèrent autour du brick en criant, en jurant, en riant, en plaisantant.

Mais au milieu de cette confusion apparente, il régnait une régularité parfaite dans toutes les opérations. Nanty Ewart, debout sur son gaillard d'arrière, aussi calme et aussi froid que s'il n'eût jamais bu une goutte d'eau-de-vie, donnait les ordres nécessaires avec précision, et veillait à ce qu'ils fussent ponctuellement exécutés. En une demi-heure, la cargaison du brick fut placée à bord des barques ; un quart d'heure après, les marchandises étaient déposées sur le rivage, et le même espace de temps suffit pour les charger sur les chevaux qui attendaient, et qui se dispersèrent à l'instant de différens côtés, chacun allant à sa destination.

Ce fut avec plus de mystère qu'on fit passer sur la chaloupe du brick une certaine quantité de petits barils qui semblaient contenir des munitions. On ne le fit même qu'après le départ de tous ceux qui s'occupaient des opérations commerciales ; et ce ne fut que lorsque ce transport fut terminé, que Nanty proposa à Fairford, dont les souffrances s'étaient encore accrues pendant le tumulte qui venait d'avoir lieu, de descendre dans la chaloupe pour gagner le rivage avec lui.

Ce fut avec difficulté que Fairford put arriver au bord du brick, et il ne put descendre dans la chaloupe et s'asseoir sur la proue qu'avec l'aide du capitaine et d'un homme de son équipage. Nanty Ewart, qui ne voyait dans ces symptômes qu'un effet occasioné par le mal de mer, lui donna les motifs ordinaires de consolation. Il l'assura qu'il se trouverait guéri de tous ses maux quand il aurait passé une demi-heure *in terrá firmá*, et qu'il espérait boire une pinte d'eau-de-vie et fumer une pipe avec lui chez le père Crackenthorp, quoiqu'il sentît quelque malaise pour avoir monté le cheval de bois.

— Qui est ce père Crackenthorp? demanda Fairford, quoiqu'il fût à peine en état d'articuler cette question.

—Un gaillard comme vous n'en trouveriez pas un sur un mille, répondit Nanty. Ah! que de bonne eau-de-vie nous avons savourée ensemble de notre temps? Sur mon ame! M. Fairbird, c'est le prince des cabaretiers, le père des contrebandiers. Ce n'est pas un vieil hypocrite avare, comme Turnpenny, qui boit aux dépens des autres, et qui croirait commettre un péché s'il lui arrivait de payer ce qu'il a bu. C'est un vrai coq de montagne. Les requins de terre ont voulu lui jouer plus d'un mauvais tour ; mais père Crackenthorp sait carguer ses voiles. Pas un mandat ne peut être délivré contre lui, qu'il n'en soit averti avant que l'encre soit sèche. Il est *bonus socius* avec le juge de paix et le constable. Tout l'argent du trésor royal ne déciderait personne à porter une délation contre lui. S'il se trouvait un pareil coquin, il n'aurait plus d'oreilles le lendemain, et on l'enverrait les chercher dans le Solway. C'est un grand politique, quoiqu'il tienne un cabaret; mais il ne le tient que par convenances, et pour avoir un prétexte pour avoir des caves et des garçons. Sa femme est une adroite commère, et sa fille Dolly aussi. Vous serez chez lui comme dans le port, jusqu'à ce que vous vous rembarquiez, et je vous tiendrai ma parole : je vous ferai parler au Laird. Diable ! le seul embarras que j'aurai sera de vous tirer hors de cette maison; car Dolly est une jolie fille, sa mère a toujours le mot pour rire, et père Crackenthorp est un joyeux compagnon comme on n'en voit pas. Il vous boira une bouteille de rum ou d'eau-de-vie sans sourciller, mais jamais il ne se mouille les lèvres avec ce mauvais breuvage écossais que le vieil hypocrite de Turnpenny a mis à la mode. C'est un gentilhomme en tous points que le vieux Crackentkorp, à sa manière c'est-à-dire. D'ailleurs il est propriétaire pour un dixième de la Jenny-la-Sauteuse, sans compter d'autres profits nocturnes. Il pourra donner une jolie dot à Dolly, si le brave garçon qui voudra en faire sa femme est de son goût.

Comme Nanty finissait ce long panégyrique de père Crackenthorp, la chaloupe toucha au rivage. Les rameurs appuyèrent sur leurs rames pour la maintenir à flot, et d'autres matelots, sautant dans la mer, portèrent les barils sur le rivage avec autant de promptitude que de dextérité.

— Plus haut! plus haut sur le rivage, mes enfans! s'écria Nanty; choisissez un endroit bien sec, c'est une marchandise qui n'aime pas l'humidité. A notre passager maintenant, haut et sec pareillement. Qu'est-ce que cela? un bruit de chevaux au galop! Ah! je reconnais leur allure : ce sont nos gens.

Tous les petits barils, formant la cargaison de la chaloupe, étaient alors rangés sur le rivage; et tout l'équipage, sous les armes, était debout en avant, attendant l'arrivée des chevaux dont on entendait la marche. Un homme, tellement surchargé d'embonpoint qu'on pouvait voir, même au clair de la lune, qu'il était essoufflé par suite de la course qu'il venait de faire, marchait en tête de la cavalcade, qui consistait en chevaux à la file les uns des autres, portant des bâts d'où pendaient des chaînes destinées à attacher des barils, et qui faisaient un bruit épouvantable.

— Qu'y a-t-il donc, père Crackenthorp? demanda Ewart. Pourquoi êtes-vous venu si vite vous-même avec vos chevaux? Nous avons dessein de passer la nuit avec vous, et de goûter votre vieille eau-de-vie ainsi que l'ale de la façon de votre dame. J'ai vu le signal, mon brave, et tout va bien.

— Tout va mal, capitaine Nanty! s'écria Crackenthorp; et personne n'en sera probablement mieux convaincu que vous, si vous ne vous dépêchez de décamper. On a acheté hier à Carlisle de nouveaux balais pour nettoyer le pays de tout ce qui vous ressemble; ainsi ce que vous pouvez faire de mieux, c'est de vous enfoncer dans l'intérieur.

— Et quel est le nombre de ces coquins d'employés? s'ils ne sont pas plus de dix, je me battrai.

— Du diable si vous en faites rien. Du moins je ne vous le conseille pas; ils ont avec eux des Habits-Rouges de Carlisle.

— En ce cas, il faut virer de bord. Allons, M. Fairford, il faut monter à cheval et partir. Ah! il ne m'entend pas! il s'est ma foi trouvé mal, je pense. Que diable faire? Père Crackenthorp, il faut que je laisse ce jeune homme avec vous jusqu'à ce que l'ouragan soit apaisé. Écoutez-moi! C'est un facteur de la poste entre le Laird et cet autre vieux. Il ne peut ni marcher, ni monter à cheval; il faut que je l'envoie chez vous.

— Envoyez-le donc au gibet, car il y trouvera le quartier-maître Thwacker avec vingt dragons; et, s'il ne s'était pas amusé autour de Dolly, je n'aurais jamais pu venir ici pour vous avertir. Mais il faut détaler, si vous ne voulez pas le voir arriver pour nous chercher. Il a des ordres très-particuliers, et ces barils contien-

3.

nent quelque chose de pire que de l'eau-de-vie, d'excellens motifs de pendaison à ce que je suppose.

— Je voudrais qu'ils fussent au fond du Wampool, avec ceux à qui ils appartiennent, s'écria Nanty Ewart. Mais ils font partie de ma cargaison, et je dois... Mais qu'allons-nous faire de ce pauvre diable?

— Eh morbleu! répondit Crackenthorp, il ne sera pas le premier qui ait passé la nuit sur l'herbe, couvert d'un manteau. S'il a une fièvre chaude, il n'y a rien de si rafraîchissant que l'air de la nuit.

— Sans doute, sans doute, il serait complètement rafraîchi demain matin. Mais c'est un jeune homme qui a le cœur chaud, et il ne se refroidira pas, si je puis l'empêcher.

— Eh bien, si vous voulez risquer votre cou pour sauver celui d'un autre, que ne le conduisez-vous chez ces vieilles filles à Fairladies?

— Quoi! chez les miss Arthuret! chez ces vieilles papistes! Mais n'importe, vous avez raison. Je les ai vues recevoir chez elles tout l'équipage d'un sloop qui avait échoué sur les sables.

— Vous pouvez pourtant courir quelque risque en vous détournant pour aller à Fairladies; cer je vous dis qu'*ils* sont répandus dans tous les environs.

— Qu'importe! il m'arrivera peut-être d'en coucher quelques-uns sur le carreau. Eh bien, camarades, la besogne avance-t-elle? les chevaux sont-ils chargés?

— Oui, oui, capitaine, répondit un de ses marins; tout sera prêt dans un moment.

— Va-t'en au diable, avec ton capitaine! s'écria Nanty. As-tu envie de me voir pendre si je suis pris? Allons, qu'on se dépêche!

— Un coup en partant, dit Crackenthorp en présentant un flacon à Nanty.

— Pas la vingtième partie d'une goutte, répondit Ewart. Ai-je besoin de me donner du courage à la hollandaise? J'ai toujours le sang assez bouillant quand il y a quelque probabilité qu'il faudra se battre; d'ailleurs, si je vis en ivrogne, je veux mourir sobrement. Ici, vieux Jephson! de toutes ces brutes, c'est vous qui avez le plus d'humanité. Mettez ce jeune homme sur un cheval tranquille, et nous le placerons entre nous deux pour le soutenir en selle.

Fairford, qui était étendu par terre, poussa un profond gémissement pendant qu'ils le relevaient, et demanda où ils allaient le conduire.

— Dans un endroit où vous serez aussi tranquille qu'une souris dans son trou, répondit Nanty Ewart; c'est-à-dire si nous pouvons y arriver en sûreté. Adieu, père Crackenthorp; empoisonnez le quartier-maître si vous le pouvez.

Les chevaux chargés partirent au grand trot, se suivant en une seule ligne. De deux chevaux en deux chevaux venait un gaillard vigoureux, cachant sous une grosse capote les armes qu'il portait. Ewart et le vieux Jephson formaient l'arrière-garde, ayant entre eux deux Alan Fairford, qu'ils soutenaient sur sa selle. Le jeune avocat soupirait profondément de temps en temps, et Nanty, ému plus qu'on n'aurait pu l'attendre d'un homme comme lui, cherchait à le distraire et à l'amuser en lui parlant de l'endroit où il le conduisait; ses paroles de consolation étaient pourtant interrompues de temps en temps par la nécessité où il était de donner quelques ordres à ses gens, et quelquefois couvertes par le bruit de la marche des chevaux, et des chaînes qui attachaient les barils.

— Oui, oui, mon jeune camarade, vous serez en toute sûreté à Fairladies ; bonne maison de refuge... bonnes vieilles filles aussi ; c'est dommage qu'elles soient papistes... Holà ! hé ! Jack Lowther ! suivez donc mieux la ligne, et ne bavardez pas tant, fils de... Étant d'une bonne famille, et ayant de quoi, ces vieilles filles sont devenues des espèces de saintes, de nonnes, de... etc., la maison où elles demeurent était autrefois une espèce de boutique de nonnes, comme on en voit encore en Flandre, et c'est pourquoi on les appelle les Vestales de Fairladies ; cela peut être vrai ou faux ; mais c'est de quoi je ne me soucie guère... Blinkinsop ! tâchez de vous taire, et allez-vous en au diable !... De sorte que faisant de grandes aumônes, et donnant de bons dîners, elles sont également bien vues par le riche et le pauvre, et l'on ferme les yeux sur leurs liaisons avec les papistes ; on trouve chez elles tant de prêtres et de jeunes étudians, que c'est une espèce de ruche. Il n'en est que plus honteux pour le gouvernement de mettre une compagnie de dragons aux trousses d'honnêtes gens qui apportent quelques gouttes d'eau-de-vie aux vieilles femmes d'Angleterre, tandis qu'il laisse une pareille cargaison de papisme s'y introduire ainsi en contrebande... Écoutez ! n'a-t-on pas sifflé ? Non, ce n'est qu'un pluvier. Jem Collier, marchez en avant ; si nous devons les rencontrer, ce sera sur la hauteur de Whins, ou au bas de Brotthole. Marchez en avant, vous dis-je, et ayez l'œil au guet... Ces miss Arthuret donnent des alimens à ceux qui ont faim, des vêtemens à ceux qui sont nus, etc. Mon pauvre père disait que de semblables dons n'étaient que de sales haillons, mais il en usait tout aussi bien qu'un autre... Maudit cheval! il bronche à chaque pas! Père Crackenthorp mériterait d'être pendu pour mettre en pareil danger le cou d'un honnête homme.

C'était ainsi, et par d'autres propos semblables, que Nanty, avec les meilleures intentions possibles, augmentait l'agonie d'Alan Fairford, pour qui le trot dur de son cheval était déjà une torture, et qui sentait encore son mal de tête s'accroître avec le bruit que faisait le capitaine en lui criant aux oreilles. Entièrement passif entre les mains de ses conducteurs, il n'essayait pas même de répondre, car ses souffrances étaient alors devenues si aiguës, qu'il lui eût été impossible de songer à sa situation, aurait-ce été pour l'améliorer.

Ils s'éloignaient du bord de la mer; mais Alan n'avait aucun moyen de s'assurer de quel côté leur marche se dirigeait. Ils traversèrent d'abord des dunes sablonneuses, des terres arides couvertes de bruyères, passèrent plusieurs ruisseaux, dont quelques-uns assez profonds, et entrèrent enfin dans une campagne bien cultivée, divisée, suivant l'usage d'Angleterre, en différens enclos, soit par des fossés dont la terre rejetée sur un côté formait une élévation couverte de broussailles, soit par des haies que séparaient des sentiers étroits et tortueux, et où les branches, qui s'avançaient de chaque côté, interceptaient les rayons de la lune, et rendaient le chemin difficile et dangereux; mais grace à la connaissance que les cavaliers avaient des lieux, ils avançaient dans ce labyrinthe sans se tromper, et sans même ralentir le pas. Cependant, en bien des endroits, il était impossible que trois hommes à cheval marchassent de front; alors le soin de soutenir Fairford sur sa selle retombait entièrement tantôt sur le capitaine, tantôt sur le vieux Jephson, et ce ne fut qu'avec beaucoup de difficulté qu'ils vinrent à bout de l'y maintenir.

Enfin, ne pouvant plus résister aux maux qu'il souffrait, Alan allait supplier Nanty de l'abandonner à son destin dans la première chaumière qu'ils rencontreraient, sous un hangar, derrière une haie, au pied d'une meule de foin, partout où il pourrait étendre ses membres endoloris, quand Collier, qui marchait à l'avant-garde, fit passer de bouche en bouche jusqu'au capitaine l'avis qu'il était en face de l'avenue conduisant à Fairladies, et lui fit demander s'il fallait y entrer.

Laissant Fairford aux soins de Jephson, Ewart courut en avant : — Qui de vous connaît la maison? demanda-t-il.

— Sam Skelton est catholique, répondit Lowther.

— Et il est d'une maudite religion, répondit Nanty; car la haine du catholicisme semblait la seule chose qui lui restât de son éducation presbytérienne; cependant je ne suis pas fâché qu'il y en ait un parmi vous qui en soit. Eh bien, Sam, puisque vous êtes papiste, vous devez connaître Fairladies et ces vieilles filles; sortez des rangs, et venez avec moi. Et vous, Collier, vous allez conduire la troupe jusqu'au bas de Waliesford; vous suivrez ensuite le ruisseau jusqu'à ce que vous arriviez au vieux moulin; et là le meunier Goodman-Grist, ou le vieux Peelthe-Causerway, vous dira où il faut placer la cargaison. Mais je vous aurai rejoints avant que vous y soyez.

Il fit défiler devant lui toute la cavalcade; et, s'arrêtant avec Sam Skelton, il attendit l'arrivée de l'arrière-garde, composée de Jephson et de Fairford. Au grand soulagement de celui-ci, ils marchèrent alors d'un pas moins rapide, et le bruit des chevaux, qui s'éloignaient au grand trot, devint moins distinct de moment en moment. A environ une portée de pistolet de l'endroit où la séparation s'était effectuée, ils tournèrent sur la droite, et ils arrivèrent bientôt en face d'une grande porte dégradée dont le fronton était décoré d'ornemens d'architecture de mauvais goût, dans le style du dix-septième siècle. Le temps en avait détruit une partie, et l'on en voyait les débris par terre, sans qu'on eût pris d'autres soins que de les écarter du passage. Deux grands piliers de pierre blanche, brillant au clair de lune, semblaient une apparition surnaturelle; et l'air de négligence qu'on remarquait dans tous les alentours ne donnait pas une grande idée de l'habitation à ceux qui entraient dans l'avenue.

—On ne fermait pas cette porte autrefois, dit Skelton en voyant leur marche arrêtée inopinément.

— Mais on la ferme à présent, dit une voix brusque à l'intérieur, et il s'y trouve un portier. Qui êtes-vous? Que voulez-vous à une pareille heure?

—Nous avons besoin de parler à ces dames, aux miss Arthuret, dit Nanty Ewart; nous désirons les prier de donner l'hospitalité à un malade.

— Les miss Arthuret ne parlent à personne à cette heure de la nuit, et vous ferez mieux de conduire votre malade chez un docteur, répondit la même voix d'un ton bourru; car, aussi sûr qu'il y a de la saveur dans le sel et du parfum dans le romarin, vous n'entrerez pas ici. Ainsi, jouez de vos flûtes, et partez.

—Comment, Dick, s'écria Skelton, êtes-vous devenu portier, de jardinier que vous étiez?

— Et comment savez-vous qui je suis ?

— Je vous ai reconnu à votre dicton. Quoi ! avez-vous oublié Sam Skelton, et le fausset que nous avons mis ensemble à certain baril ?

— Non, je ne vous ai pas oublié; mais j'ai des ordres positifs pour ne laisser entrer personne dans l'avenue cette nuit; et en conséquence...

— Mais nous sommes armés, et vous ne nous empêcherez pas d'entrer, s'écria Nanty Ewart. Écoutez-moi, drôle; ne vaudrait-il pas mieux pour vous de recevoir une guinée pour nous laisser entrer, que de nous voir enfoncer d'abord la porte et ensuite vous casser la tête? Car soyez-en bien assuré, je ne laisserai pas mourir mon camarade à votre porte.

— Je ne sais trop que vous dire. Mais dites-moi donc, Skelton, quelle espèce de bétail avez-vous avec vous ?

— Eh ! ce sont de nos amis de Bowness, de Stoniecultrum et des environs : Jack, Lowther, le vieux Jephson, Will Lamprugh, etc.

— Eh bien, Skelton, aussi sûr qu'il y a de la saveur dans le sel et du parfum dans le romarin, je croyais que c'étaient des cavaliers de Carlisle ou de Wigton, et cette pensée m'avait fait monter le cœur à la bouche.

— Je croyais que vous auriez su distinguer le bruit des barils de celui des sabres, aussi bien qu'aucun ivrogne du Cumberland.

— Allons, allons, l'ami, dit Nanty, un peu moins de langue et plus de jambes. Les momens que nous perdons ici sont précieux. Allez dire à vos dames que Nanty Ewart, capitaine de la Jenny-la-Sauteuse, a amené ici un jeune Écossais, chargé d'une lettre pour un homme d'importance qui est dans le Cumberland ; que les soldats sont en campagne ; que le jeune homme se trouve fort mal ; et que, si on refuse de le recevoir à Fairladies, il faut que nous le laissions mourir à cette porte, ou qu'il soit pris par les Habits-Rouges avec les papiers dont il est porteur.

Dick partit avec ce message, et, au bout de quelques minutes, on vit briller des lumières qui convainquirent Fairford, dont quelques instans de halte avaient rendu les souffrances moins aiguës, qu'on les allumait successivement dans des appartemens situés sur le devant d'une assez grande maison.

— Et si ton ami Dick ne revient pas ? dit Jephson à Skelton.

— En ce cas, je lui devrai une aubade semblable à celle que tu as reçue de Dan Cooke, et je la lui paierai aussi bien.

Le vieux Jephson allait se fâcher ; mais, comme pour dissiper les soupçons conçus contre lui, Dick arriva en ce moment, et leur dit que miss Arthuret allait venir elle-même pour leur parler.

Nanty Ewart maudit à voix basse le caractère soupçonneux des vieilles filles et la circonspection scrupuleuse des catholiques, qui faisaient attendre si longtemps les secours dont avait besoin un de leurs semblables ; puis il souhaita à miss Arthuret un bon rhumatisme ou au moins un mal de dents pour la récompenser de son excursion nocturne. Elle coupa court à ses murmures en arrivant, accompagnée d'une servante qui portait une lanterne, à l'aide de laquelle elle examina, à travers les barreaux de la grille, et aussi bien que le permettait cette faible clarté, les personnes qui se présentaient.

— Je suis fâché de vous avoir dérangée si tard, madame Arthuret, dit Nanty; mais le cas est urgent, et...

— Sainte Vierge! s'écria-t-elle, pourquoi parlez-vous si haut? Dites-moi, n'êtes-vous pas le capitaine de *la Sainte-Geneviève?*

— Hum! oui, madame; c'est le nom qu'on donne à mon brick à Dunkerque; mais sur ces côtes on le nomme *la Jenny-la-Sauteuse.*

— N'est-ce pas vous qui avez amené ici le saint père Bonaventure?

— Oui, oui, madame; j'ai amené assez de ce bétail noir.

— Sainte Marie! est-il possible que les saints confient des hommes si pieux aux soins d'un hérétique?

— Quant à cela, madame, ils n'en feraient rien s'ils pouvaient trouver quelque fraudeur papiste qui connût la côte tout aussi bien que moi. Au surplus, je suis fidèle comme l'acier à mes armateurs, et j'ai toujours soin de ma cargaison, que ce soit de l'eau-de-vie ou de la chair morte ou vive. Vos catholiques, au contraire, ont de maudits capuchons, pardon, madame, mais qui sont quelquefois assez grands pour cacher deux visages. Cependant, voici un jeune homme qui est mourant; il a une lettre à remettre de la part du laird de Summertrees au Laird des Lacs, comme on l'appelle sur les bords du Solway, et chaque minute que nous perdons ainsi est un clou enfoncé dans son cercueil.

— Sainte Vierge! que faire? Je crois qu'il faut le recevoir à tout risque. Dick, aidez un de ces hommes à transporter le malade dans la maison.—Et vous, Selby, faites-le placer dans la chambre qui est au bout de la grande galerie. Vous êtes un hérétique, capitaine; mais je crois que vous méritez ma confiance, et je sais qu'on en a eu en vous; mais si vous me trompez.....

— Moi, madame! jamais je n'ai essayé de tromper des dames de votre âge; le peu d'expérience que j'ai en ce genre, je l'ai acquise avec les jeunes. — Allons, M. Fairford, prenez courage, on aura bien soin de vous. Essayez de marcher.

Alan, à qui la halte qu'il venait de faire avait rendu quelques forces, dit qu'il se sentait en état de gagner la maison, sans autre aide que celle du jardinier.

— Voilà ce que j'appelle montrer du courage, dit Nanty. Allons, Dick, donnez-lui le bras. C'est bien, je vous en remercie : et en même temps il lui glissa dans la main la guinée qu'il lui avait promise. — Adieu donc, M. Fairford; adieu, madame Arthuret; il y a déjà trop long-temps que je suis ici.

A ces mots, il remonta à cheval; ses deux compagnons en firent autant, et ils partirent au grand galop. Mais, malgré le bruit que faisaient les chevaux en galopant, on entendit la voix forte de l'incorrigible Nanty chanter la vieille ballade :

> Jeune tendron d'écouter un amant
> S'accusait aux pieds d'un saint frère.
> — Il faut ne rien me déguiser, ma chère,
> Et tout me dire franchement.
> — Ah! cet aveu, je n'ose vous le faire!
> Mais il m'aimait si tendrement!

— Sainte Vierge! s'écria miss Séraphine Arthuret lorsque ces sons profanes arrivèrent à ses oreilles, quels païens sont ces hérétiques, et à quels périls ne sommes-nous pas exposées au milieu d'eux ! Que les saints nous protègent ! Quelle nuit est celle-ci ! nous n'en avons pas encore vu une semblable à Fairladies.— Aidez-moi à fermer la grille, Dick ; et, quand vous aurez conduit monsieur à la maison, vous aurez soin d'y revenir, de peur qu'il ne nous vienne quelque autre visite importune.—Ce n'est pas que la vôtre le soit, jeune homme : il suffit que vous ayez besoin de secours, et que nous puissions vous en donner, pour que vous soyez le bienvenu à Fairladies. Seulement nous aurions autant aimé que ce fût dans une autre occasion. Mais... Hem !.. j'ose dire que tout est pour le mieux. Prenez garde à vos pieds, monsieur, car l'avenue est pleine de pierres. Dick aurait dû la niveler et la ratisser ; mais il a été obligé de faire un pèlerinage à la source de Sainte-Winifred, dans le pays de Galles.

En ce moment, Dick fit entendre une petite toux sèche ; mais, comme s'il eût craint qu'elle ne trahît quelques sentimens secrets, peu d'accord avec ce que miss Arthuret venait de dire, il s'empressa de murmurer à demi-voix : — *Sancta Winifreda, ora pro nobis !* Pendant ce temps, miss Séraphine continuait sa harangue.

— Jamais nous ne mettons obstacle à l'accomplissement des vœux et des pénitences de nos domestiques, M. Fairford. J'ai connu un digne père qui portait votre nom, c'est peut-être un de vos parens. Non, monsieur, nous ne nous y opposons jamais. Il faut bien qu'ils voient la différence de notre service à celui d'un hérétique. Prenez garde à vos pas, monsieur ; vous tomberez si vous n'y faites attention. Hélas ! la nuit comme le jour nous trouvons sur notre chemin bien des pierres d'achoppement.

C'était par ce discours et d'autres semblables, tendant tous à prouver que celle qui les tenait avait le cœur charitable, l'esprit borné et la tête remplie d'une dévotion superstitieuse, que miss Arthuret entretenait son nouvel hôte. Fairford heurtait à chaque pas contre les pierres que le vœu de Dick avait laissées s'accumuler dans le chemin. Enfin, ayant gravi quelques marches de pierre dont les côtés étaient décorés de griffons et d'autres ornemens héraldiques, il arriva sur une terrasse qui s'étendait le long des bâtimens de Fairladies. C'était un édifice assez considérable, mais fort antique ; toutes les fenêtres en étaient fort étroites, et l'on voyait s'élever çà et là une petite tourelle qui ressemblait à une poivrière ; la porte en avait été fermée pendant la courte absence de miss Arthuret. Elle donnait sur un grand portique décoré d'une profusion de jasmins et de clématites. Toute la maison semblait plongée dans de profondes ténèbres ; mais on voyait une faible lumière à travers les deux lucarnes placées à chaque côté de la porte pour éclairer le vestibule.

Miss Arthuret y frappa. — Ma sœur ! ma sœur Angélique !

— Qui est là ? demanda-t-on de l'intérieur. Est-ce vous, ma sœur ?

— Oui, sans doute. Ouvrez la porte. Ne reconnaissez-vous pas ma voix ?

— Pardonnez-moi, ma sœur, répondit Angélique en ouvrant les verrous et un double tour ; mais vous savez combien nous devons avoir de précaution, et l'ennemi veille pour nous surprendre : *Incedit sicut leo vorans*, comme dit le bréviaire. Mais qui donc nous avez-vous amené? Oh! ma sœur, qu'avez-vous fait?

— C'est un jeune homme, dit miss Séraphine se hâtant d'interrompre les remontrances de sa sœur, que je crois parent de notre digne père Fairford. Le capitaine de ce bienheureux navire la Sainte-Geneviève l'a laissé à notre porte à demi mort, et il est chargé de dépêches pour...

Elle baissa la voix, et ses derniers mots ne purent être entendus que de sa sœur.

— En ce cas, il n'y a pas de remède, dit miss Angélique, mais c'est un contre-temps fâcheux.

Pendant ce dialogue entre les vestales de Fairladies, le jardinier avait fait asseoir Alan sur une chaise dans le vestibule; et la plus jeune des deux sœurs, après avoir hésité un moment, par suite d'une répugnance pudique, à toucher la main d'un étranger, serra légèrement entre son pouce et son index l'artère de Fairford, et en compta les pulsations.

—Il a une forte fièvre, ma sœur, dit-elle alors; il faut que Dick appelle Ambroise, et qu'on lui administre un fébrifuge.

Ambroise ne tarda pas à arriver. C'était un homme d'une figure respectable, ancien serviteur de la famille dans le sein de laquelle il avait été élevé, et qui, montant de grade en grade, était enfin devenu moitié médecin, moitié aumônier, moitié majordome, puis tout-à-fait gouverneur de la maison, c'est-à-dire en cas d'absence du père confesseur, qui le soulageait souvent des soins du gouvernement. Par les ordres et avec l'aide de ce vénérable personnage, l'infortuné Alan fut transporté dans un appartement décent, situé au bout d'une longue galerie, et là, à son grand soulagement, on le coucha dans un excellent lit. Il suivit avec docilité toutes les ordonnances du docteur Ambroise, qui, non-seulement lui fit prendre un fébrifuge, mais alla même jusqu'à lui tirer quelques palettes de sang, opération qui fut probablement très-utile au malade.

CHAPITRE XVI.

NARRATION DES AVENTURES D'ALAN FAIRFORD CONTINUÉE.

Le lendemain matin, Fairford s'éveilla, après un sommeil qui l'avait peu restauré ; — il avait successivement rêvé de son père et de Darsie Latimer, de la demoiselle à la mante verte et des vestales de Fairladies ; il s'était vu buvant de la petite bière avec Nanty Ewart, et faisant naufrage avec lui sur le Solway ; à son réveil il ne se trouva pas en état de résister aux ordres de M. Ambroise qui lui prescrivit de garder le lit ; et bien certainement il n'aurait pu le quitter sans assistance. Il s'aperçut que son inquiétude et les fatigues de corps et d'esprit qu'il avait éprouvées depuis quelques jours avaient été au-dessus de ses forces ; et que, malgré son impatience, il fallait qu'il attendît le rétablissement de sa santé avant de pouvoir songer à continuer son entreprise.

Pendant ce temps, aucun malade n'aurait pu trouver un meilleur gîte. Ceux qui étaient chargés de le veiller parlaient à peine à demi-voix, et ne marchaient que sur la pointe des pieds ; rien ne se faisait que *par ordonnance du médecin ;* Esculape semblait exercer un empire absolu à Fairladies. Une fois par jour les deux sœurs venaient lui rendre visite en grand cérémonial, et lui demander des nouvelles de sa santé. Ce fut alors que la civilité naturelle d'Alan, et la reconnaissance qu'il leur montra des secours charitables qu'elles avaient bien voulu lui donner si à propos, l'élevèrent considérablement dans leur estime. Le troisième jour, on le fit passer dans un plus bel appartement que celui qui lui avait été destiné d'abord. Quand il lui fut permis de boire un verre de vin, on lui en servit de première qualité, et il vit paraître en cette occasion une de ces bouteilles couvertes de toile d'araignées, qui ne se trouvent que dans les caves des vieux châteaux, après y avoir mystérieusement reposé plus d'un demi-siècle.

Mais, quelque délicieux que pût être un pareil séjour pour un malade, il n'était pas aussi agréable pour un convalescent, comme Alan Fairford le reconnut bientôt. Dès qu'il put sortir de son lit, se traînant vers la fenêtre de sa chambre, il vit qu'elle était grillée avec de gros barreaux de fer, et qu'elle n'offrait d'autre vue qu'une petite cour pavée. Cette circonstance n'avait rien d'extraordinaire, car la plupart des fenêtres des anciennes maisons situées sur les frontières étaient grillées de la même manière. Mais il remarqua en outre que, soit qu'on entrât dans la chambre, soit qu'on en sortît, on en fermait toujours la porte avec beaucoup de soin et de circonspection. Ensuite ayant témoigné le désir de prendre l'air dans le jardin et même de faire quelques tours dans la galerie, cette demande fut accueillie si froidement par les deux sœurs et par leur premier ministre, M. Ambroise, qu'il vit clairement que l'hospitalité qu'on exerçait envers lui ne s'étendrait pas jusque-là.

Commençant à concevoir quelque inquiétude, et voulant s'assurer s'il conservait encore le privilège d'agir librement, il annonça un matin à cet important fonctionnaire, en lui faisant ses remerciemens des soins qu'il avait donnés à sa santé, qu'il avait dessein de quitter Fairladies le lendemain, et qu'il désirait seulement que, pour mettre le comble à toutes les bontés qu'on avait eues pour lui, on voulût bien lui prêter un cheval pour se rendre à la ville voisine ; puis, en assurant M. Ambroise que sa reconnaissance ne se bornerait pas à cette bagatelle, il lui glissa dans la main trois guinées. Les doigts du digne domestique se serrèrent autour des honoraires qu'il venait de recevoir, aussi naturellement que s'il en eût acquis le droit en prenant des degrés dans la docte faculté ; mais il ne fit qu'une réponse évasive ; et Alan ayant insisté, il lui déclara positivement qu'il ne pourrait partir le lendemain ; que sa santé ne le permettait pas, et que les miss Arthuret n'y consentiraient jamais.

— Le soin de ma santé me concerne plus que personne, dit Alan, mais ce n'est pour moi qu'une considération très-secondaire en comparaison de l'affaire dont il faut que je m'occupe sur-le-champ.

Ne pouvant obtenir de M. Ambroise une réponse satisfaisante, Fairford crut devoir prendre le parti d'annoncer sa résolution à ses hôtesses elles-mêmes ; ce qu'il fit dans les termes les plus mesurés et les plus respectueux, en les assurant de toute sa reconnaissance, mais en leur exprimant en même temps la ferme détermination de partir le lendemain ou le surlendemain au plus tard. Elles firent quelques tentatives pour l'engager à rester davantage, en alléguant que sa santé n'était pas encore suffisamment rétablie; mais Fairford, convaincu par le ton même qu'elles employaient pour faire valoir ce motif, que ce n'était qu'un prétexte pour retarder son départ, leur rappela qu'il était chargé d'une dépêche pour la personne connue sous le nom d'Herries, de Redgauntlet et du Laird des Lacs, et qu'il était de la plus grande importance qu'elle lui fût remise sans aucun délai.

— J'ose dire, ma sœur, dit la sœur aînée, que monsieur est un homme honnête; et, s'il est réellement parent du père Fairford, nous ne pouvons courir aucun risque.

— Sainte Marie ! s'écria Angélique; fi donc, ma sœur, fi donc! *Vade retrò*; passez derrière moi.

— Fort bien, ma sœur, fort bien, reprit Séraphine; mais laissez-moi vous dire un mot dans la galerie.

Elles sortirent de la chambre; leur conférence dura une bonne demi-heure, et quand elles rentrèrent, Alan leur trouva un nouvel air d'importance.

— Pour vous dire la vérité, M. Fairford, lui dit Séraphine, ce qui nous fait désirer de vous garder ici plus long-temps, c'est que nous avons le bonheur d'y posséder un digne prêtre...

— Un homme respectable, dit la sœur cadette.

— Un oint du Seigneur, reprit l'aînée; et nous serions charmées, par raison de conscience, que vous eussiez une conversation avec lui avant votre départ.

— Oh! oh! pensa Fairford, voilà le fin mot; on veut me convertir. Il ne faut pas offenser ces vieilles filles; je me débarrasserai facilement de leur prêtre, à ce que je crois. Il leur répondit alors qu'il aurait bien volontiers un entretien avec quiconque était honoré de leur amitié; qu'en matières religieuses il était plein de respect pour toutes les croyances de la religion chrétienne, mais qu'il devait ajouter qu'il était fermement attaché à celle dans laquelle il avait été élevé; que cependant s'il pouvait leur être agréable en voyant la personne dont elles lui parlaient...

— Ce n'est pas tout-à-fait cela, dit miss Séraphine; bien certainement la journée ne serait pas assez longue pour l'entendre parler, — le père Bonaventure, je veux dire, — de ce qui intéresse le salut de nos ames, mais...

— Venez, venez, ma sœur, dit miss Angélique; il est inutile d'en dire davantage. Son Éminence, — je veux dire le père Bonaventure, — expliquera lui-même à monsieur ce qu'il veut lui dire.

— Son Éminence! répéta Fairford avec surprise; est-il donc si élevé dans les dignités de l'Église romaine? Ce titre ne se donne qu'aux cardinaux, à ce que je pense.

— Il n'est pas encore cardinal, répondit Séraphine; mais je puis vous assurer, M. Fairford, que son rang est aussi élevé que les qualités qu'il a reçues du ciel sont brillantes.

— Allons, allons, ma sœur, partons. Sainte Vierge! comme vous parlez! Quel besoin M. Fairford a-t-il d'être informé du rang du père Bonaventure? Seulement, monsieur, vous vous souviendrez que le père a toujours été accoutumé à être traité avec le plus profond respect, et bien certainement...

— Allons, ma sœur, partons, dit Séraphine à son tour. M. Fairford sait fort bien comment il doit se comporter.

— Et nous ferons bien de nous retirer, ajouta Angélique; car voici Son Éminence qui arrive.

Elle baissa la voix en prononçant ces mots; et comme Fairford allait répondre que tout ami de ses respectables hôtesses obtiendrait de lui tout le respect qu'il pouvait attendre, elle lui imposa silence en mettant un doigt sur ses lèvres.

Le bruit d'un pas majestueux et solennel se fit entendre dans la galerie : il aurait pu annoncer l'arrivée non-seulement d'un évêque ou d'un cardinal, mais du souverain pontife lui-même, et les deux sœurs n'auraient pu l'écouter avec un plus profond respect s'il eût été le signal de l'approche du chef de l'Église. Elles se placèrent, comme des sentinelles en faction, des deux côtés de la porte qui donnait entrée de la galerie dans l'appartement de Fairford, et restèrent immobiles et silencieuses, dans l'attitude la plus respectueuse.

La marche du père Bonaventure était si lente, que Fairford eut le temps de faire toutes ces remarques; et il fut surpris qu'un prêtre, sans doute ambitieux et rusé, eût réussi à imposer un respect si superstitieux à ses dignes hôtesses, quelle que fût la simplicité de leur caractère. La vue du père Bonaventure, lorsqu'il arriva, lui expliqua en partie ce mystère.

C'était un homme de moyen âge, d'environ quarante ans, peut-être même plus; mais les soucis, les fatigues ou quelque autre cause lui avaient donné l'apparence d'une vieillesse prématurée, et jetaient sur sa physionomie une teinte de sérieux et même de mélancolie. Ses traits étaient pourtant encore pleins de noblesse, et quoique son teint eût perdu sa fraîcheur, et que son visage fût sillonné de rides, son front élevé, ses grands yeux et son nez parfaitement formé prouvaient qu'il avait été dans sa jeunesse ce qu'on pouvait appeler un bel homme. Il était grand, mais sa taille voûtée lui faisait perdre quelque chose de cet avantage; et la canne qu'il portait toujours en main, et sur laquelle il s'appuyait de temps en temps, ainsi que sa marche lente, quoique majestueuse, semblaient indiquer que ses membres, dont la symétrie était parfaite, avaient déjà éprouvé quelque atteinte des infirmités ordinairement plus tardives. On ne pouvait juger de la couleur de ses cheveux, car, suivant la mode, il portait une perruque. Il était vêtu en laïque; mais la coupe et la couleur de ses vêtemens lui donnaient un air de gravité, et il portait une cocarde à son chapeau. Cette circonstance ne surprit pas Fairford; car il savait que les prêtres de l'Église romaine prenaient souvent le costume militaire quand ils venaient en Angleterre, soit passagèrement, soit dans le dessein d'y demeurer, afin de se soustraire aux peines que les lois prononçaient alors contre eux.

Lorsque cet homme imposant entra, les deux sœurs, tournées vers lui comme des soldats en faction qui vont présenter les armes à un officier supérieur, lui firent, chacune de son côté, une révérence si profonde, que leurs jupons étant soutenus par des paniers, elles semblèrent s'enfoncer à travers le plancher, comme si une trappe se fût ouverte pour laisser descendre les dames qui accomplissaient cet acte de cérémonial respectueux.

Le père semblait accoutumé à recevoir de pareils hommages, quelque profonds qu'ils fussent. Il se tourna d'abord vers une sœur, ensuite vers l'autre, et répondit à leur politesse par une légère inclination de tête faite d'un air gracieux, mais qui indiquait la condescendance et la protection autant que la civilité. Il passa devant elles sans leur adresser la parole, et parut, par cette conduite, leur intimer que leur présence n'était pas nécessaire.

Elles sortirent de l'appartement à reculons, les bras croisés sur la poitrine, et les yeux levés vers le ciel, comme si elles eussent appelé sa bénédiction sur le saint homme auquel elles témoignaient tant de respect. Pendant qu'elles sortaient, Fairford vit deux hommes qui semblaient stationnaires dans la galerie, et il remarqua aussi que, contre l'usage constamment observé jusqu'alors, la porte ne fut pas fermée à double tour quand elles furent sorties.

— Est-il possible, pensa-t-il, que ces bonnes ames s'imaginent que le dieu de leur idolâtrie coure quelque danger avec moi? Il n'eut pas le temps de faire d'autres réflexions, car l'étranger était déjà arrivé au milieu de l'appartement.

Alan s'était levé pour le recevoir, afin de lui donner une marque de respect; mais lorsqu'il fixa les yeux sur lui, il crut voir que le père cherchait à éviter ses regards. Ses raisons pour garder l'incognito étaient assez fortes pour en rendre compte, et Fairford chercha à le tirer d'inquiétude en baissant les yeux à son tour; mais quand il les releva de nouveau, il trouva que ceux de l'étranger étaient attachés sur lui avec un regard fixe, dont il fut presque décontenancé. Tous deux étaient restés debout jusqu'alors.

— Asseyez-vous, monsieur, dit le père, vous êtes encore convalescent.

Ces mots furent prononcés avec le ton d'un homme qui veut bien permettre à un inférieur de s'asseoir en sa présence, et d'une voix sonore, mais douce.

Fairford, un peu surpris de sentir qu'il s'en laissait imposer malgré lui par des airs de supériorité que celui qui lui parlait ainsi ne pouvait se permettre qu'envers ceux sur qui la religion lui donnait de l'influence, s'assit à son ordre, comme s'il eût été mû par des ressorts; il ne savait trop comment s'y prendre pour se maintenir, comme il croyait en avoir le droit, sur un pied d'égalité avec cet inconnu. Celui-ci conserva l'avantage qu'il avait obtenu.

— Vous vous nommez Fairford, monsieur, à ce que j'ai appris?

Alan répondit par une inclination de tête.

— Avocat au barreau d'Écosse? Je crois qu'il existe dans l'ouest de ce royaume une famille de haut rang nommée Fairford de Fairford?

Fairford trouva cette observation assez étrange dans la bouche d'un prêtre étranger, comme l'indiquait le nom du père Bonaventure. Il se borna à répondre qu'il croyait que cette famille existait.

— Êtes-vous parent de ces Fairford, monsieur?

— Je n'ai aucun droit à réclamer cet honneur, monsieur. L'industrie de mon père a tiré sa famille d'une situation obscure, et je n'ai reçu avec le sang aucune prétention à des distinctions héréditaires. Puis-je vous demander quelle est la cause de ces questions?

— Vous l'apprendrez tout à l'heure, répondit le père Bonaventure, qui avait fait entendre un *hem!* sec et mécontent pendant que le jeune homme avouait sa naissance plébéienne; puis, lui faisant signe de garder le silence, il continua son interrogatoire.

— Si la noblesse de la naissance vous manque, vous avez sans doute celle des sentimens? Votre éducation a sûrement fait de vous un homme d'honneur?

— Je l'espère, monsieur, répondit Alan en rougissant de mécontentement, et je ne suis pas habitué à l'entendre révoquer en doute.

— Patience, jeune homme, dit l'étranger imperturbable; nous sommes occupés d'une affaire sérieuse, et il ne faut pas qu'une étiquette pointilleuse nous empêche de la discuter sérieusement. Vous savez sans doute que vous parlez à un homme proscrit par les lois sévères et injustes du gouvernement actuel?

— Je sais que le statut 1700, chapitre III, bannit du royaume les prêtres papistes, et prononce peine de mort, sur conviction sommaire, contre toute personne qui y rentrerait après ce bannissement. Je crois que les lois anglaises ne sont pas moins sévères à cet égard; mais je n'ai nul moyen de savoir que vous soyez de ce nombre, et je crois que la prudence doit vous conseiller de garder vos secrets.

— Cela suffit, monsieur, et je ne crains pas qu'il puisse résulter aucunes suites fâcheuses pour moi de ce que vous m'ayez vu dans cette maison.

— Certainement non. Je me regarde comme redevable de la vie aux deux dames respectables à qui elle appartient, et je considérerais comme un bassesse infame de chercher à pénétrer dans ce qui s'y passe, ou de faire connaître ce que j'aurais pu y voir ou y entendre. Je rencontrerais ici le Prétendant lui-même, monsieur, que, dussé-je dévier un peu du sentier de la loyauté, il n'aurait rien à craindre de mon indiscrétion.

— Le Prétendant! répéta le père Bonaventure en appuyant sur ce mot avec une sorte d'aigreur. Mais son ton s'adoucissant tout à coup, il ajouta : — Il est vrai que l'individu dont vous parlez *prétend* à quelque chose, et que bien des gens pensent que ses *prétentions* ne sont pas mal fondées. Mais avant de nous enfoncer dans la politique, permettez-moi de vous dire que je suis surpris qu'un homme qui professe vos opinions soit en relation intime avec M. Maxwell de Summertrees et M. Redgauntlet, et qu'il serve d'intermédiaire pour leur correspondance.

— Pardon, monsieur, mais je n'aspire pas à l'honneur d'être regardé comme leur confident ou leur intermédiaire. Mes relations avec eux se bornent à une seule affaire, une affaire qui m'intéresse vivement, parce qu'elle concerne la sûreté, peut-être la vie de mon meilleur ami.

—Trouvez-vous quelque inconvénient à me confier la cause de votre voyage? Mes avis peuvent vous être utiles, et j'ai sur l'un comme sur l'autre une influence assez considérable.

Fairford hésita un instant, et ayant réfléchi à la hâte sur les circonstances dans lesquelles il se trouvait, il en conclut qu'il pouvait lui être avantageux de se rendre favorable ce personnage mystérieux; et que, d'une autre part, il ne risquait rien en lui confiant les détails de l'affaire qui l'occupait. Après lui avoir dit, en peu de mots, qu'il espérait que M. Bonaventure lui témoignerait la même confiance qu'il exigeait de lui, il lui parla brièvement de Darsie Latimer, du voile qui couvrait sa naissance, de sa disparition soudaine, enfin de la résolution qu'il avait formée de chercher son ami, et de le délivrer au péril de sa vie.

L'étranger, qui semblait avoir pour principe d'éviter toute conversation qu'il n'avait pas entamée lui-même, ne fit aucune observation sur ce qu'il venait d'entendre, et se borna à adresser à Alan une question ou deux sur les circonstances de son récit qui ne lui paraissaient pas assez claires. Se levant ensuite, il fit deux tours dans l'appartement, en murmurant entre les dents, mais avec force, le mot fou! Mais il avait sans dout acquis l'habitude de maîtriser toute émotion violente; car, se tournant vers Fairford, il lui parla presque au même instant avec le ton de la plus parfaite indifférence.

— Si vous pensiez pouvoir le faire sans manquer à la confiance, lui dit-il, je voudrais que vous eussiez la bonté de me montrer la lettre de M. Maxwell de Summertrees; je désirerais en examiner l'adresse avec attention.

Ne voyant aucune raison pour ne pas porter la confiance jusque-là, Alan lui remit la lettre sans hésiter. Le père Bonaventure l'examina avec attention, en la tournant dans tous les sens, comme l'avaient fait avant lui le vieux Trumbull et Nanty Ewart, et demanda ensuite à Fairford s'il avait lu quelques mots écrits au crayon sur l'enveloppe. Alan lui répondit négativement, et, y jetant les yeux, y lut avec surprise : *Cave ne litteras*

Bellerophontis feras (1); avis qui était si bien d'accord avec le conseil que lui avait donné le prévôt de Dumfries de jeter un coup d'œil sur le contenu de la lettre dont il était porteur, qu'il fit un mouvement involontaire, comme pour prendre la fuite, quoiqu'il ne sût ni par où s'en aller, ni qui il devait fuir.

— Asseyez-vous, jeune homme, dit le père Bonaventure avec cet air et ce ton d'autorité qui ne l'abandonnaient jamais, quoiqu'ils fussent accompagnés d'une politesse mêlée d'une réserve imposante : vous ne courez aucun danger ; mon caractère sert de garantie à votre sûreté. Qui soupçonnez-vous d'avoir écrit ces mots?

Alan aurait pu répondre : — Nanty Ewart ; — car il se souvenait de l'avoir vu écrire quelque chose au crayon, quoi qu'il fût alors trop souffrant pour faire attention sur quoi il écrivait. Mais, ne sachant pas quels soupçons pouvait attirer sur le capitaine de *la Jenny* l'intérêt qu'il avait pris à lui, et quelles pourraient en être les conséquences pour ce marin, il jugea plus à propos de répondre qu'il ne connaissait pas l'écriture.

Le père Bonaventure garda encore le silence une minute ou deux, qu'il employa à considérer la lettre avec plus d'attention que jamais. S'approchant alors de la croisée, comme pour avoir plus de jour afin d'en mieux examiner l'adresse et les mots ajoutés sur l'enveloppe, Fairford le vit, avec autant de surprise que de mécontentement, briser le cachet avec le plus grand sang-froid, ouvrir la lettre, et en lire le contenu.

(1) — Prenez garde d'être porteur de la lettre de Bellérophon. — Suivant la fable, Prætus, roi d'Argos, avait chargé Bellérophon de porter à Iobatès, roi de Lycie, une lettre où il engageait celui-ci à le faire périr. — Éd.

— Arrêtez! monsieur, arrêtez! s'écria Alan dès que son étonnement lui permit l'usage de la parole; de quel droit osez-vous...?

— Paix, jeune homme! répondit le père en faisant un geste de la main pour lui ordonner de se rasseoir; soyez sûr que je n'agis pas ainsi sans y être autorisé. Il ne peut rien se passer entre M. Maxwell et M. Redgauntlet que je n'aie le droit de connaître.

— Cela peut être, s'écria Alan fort courroucé; mais, quoique vous puissiez être le père confesseur de ces deux messieurs, vous n'êtes pas le mien; et en brisant le sceau d'une lettre confiée à mes soins, vous m'avez fait.....

— Je ne vous ai fait aucun tort, je vous assure, et je vous ai peut-être au contraire rendu un grand service.

— Je ne désire pas de services de cette nature, ni d'avantages obtenus à un tel prix. Rendez-moi cette lettre à l'instant, ou...

— Si vous avez quelque égard pour votre sûreté, gardez-vous de toute expression injurieuse et de tout geste menaçant. Je ne suis pas un homme qu'on puisse insulter ou menacer impunément, et il y a, à portée de nous entendre, des gens qui auraient bientôt châtié tout propos insultant, si je jugeais au-dessous de moi de me venger moi-même.

En parlant ainsi, le père prit un air d'autorité si calme, si intrépide, si imposant, que Fairford, surpris et confondu, ne songea plus à lui arracher la lettre des mains, comme il en avait le projet, et se borna à faire des plaintes amères sur cet abus de confiance, en demandant ce que penserait de lui Redgauntlet quand il lui présenterait une lettre dont le sceau avait été brisé.

— C'est à quoi je mettrai ordre, répondit le père Bonaventure. J'écrirai moi-même à Redgauntlet, et je joindrai à ma lettre celle de Maxwell, si vous persistez à vouloir la porter, après en avoir lu le contenu.

A ces mots il rendit la lettre à Fairford, et, voyant qu'il hésitait à y jeter les yeux ; — Lisez-la, lui dit-il ; il est important pour vous que vous la lisiez.

Ce discours, joint au conseil que lui avait donné le prévôt Crosbie, et à l'avis qu'il ne doutait pas que Nanty Ewart n'eût eu dessein de lui donner aussi par son allusion classique, décida enfin Fairford. — Si, par cette correspondance, on a pratiqué une mine contre moi, pensa-t-il, il m'est permis d'ouvrir une contre-mine. Ma sûreté et celle de mon ami exigent que je ne porte pas trop loin le scrupule.

Il lut la lettre, et y trouva ce qui suit :

« Mon cher Bourru et Dangereux,

« Ne cesserez-vous donc jamais de mériter votre so-
» briquet ? Vous avez réussi dans votre projet, à ce
» qu'il paraît ; eh bien, qu'en résultera-t-il ? qu'on va
» crier haro sur vous de toutes parts. Le porteur de
» cette lettre est un jeune avocat qui ne manque pas
» d'assurance. Il a porté une plainte contre vous ; heu-
» reusement il s'est adressé à un juge bien disposé.
» Mais, quelque favorable qu'il vous fût, ce n'est qu'avec
» la plus grande peine que la cousine Jenny et moi nous
» avons pu le maintenir de notre bord. Il commence à
» être craintif, soupçonneux, intraitable, et je crains

» que les sourcils formidables de Jenny ne cessent bien-
» tôt de faire impression sur lui. Je ne sais quel avis
» vous donner. Le jeune homme chargé de cette lettre
» est un brave garçon, plein de zèle pour son ami, je
» lui ai donné ma parole d'honneur qu'il ne lui arrive-
» rait aucun accident sérieux. Ma parole d'honneur ! —
» faites attention à ces expressions, et souvenez-vous
» que je puis être aussi bourru et aussi dangereux qu'un
» autre. Mais je ne lui ai donné aucune garantie contre
» une courte captivité; et, comme c'est un gaillard
» actif et remuant, je ne vois d'autre ressource que de
» le tenir à l'ombre jusqu'à ce que cette affaire du bon
» père B.......... soit heureusement terminée, et plût au
» ciel qu'elle le fût déjà !

« Adieu ! toujours à vous, quand je devrais être en-
» core une fois

» Tête-en-Péril. »

— Eh bien, jeune homme, dit le père Bonaventure, que pensez-vous des dangers auxquels vous alliez vous exposer volontairement ?

— Ils me paraissent aussi étranges que les moyens extraordinaires dont il vous a plu de vous servir, il n'y a qu'un instant, pour découvrir les projets de M. Maxwell.

— Ne vous fatiguez pas à chercher les motifs de ma conduite. Je suis autorisé à agir comme je fais, et je ne crains aucune responsabilité. Mais dites-moi ce que vous comptez faire à présent.

— Je ne sais si je devrais vous le dire, car votre propre sûreté peut être compromise.

— Je vous comprends. Vous avez dessein de recourir

au gouvernement actuel. Cela ne vous sera pas permis. Nous emploierons plutôt la force pour vous retenir à Fairladies.

— Probablement vous réfléchirez auparavant aux risques auxquels vous exposerait un tel attentat dans un pays libre.

— J'en ai couru de plus formidables, dit le père en souriant; cependant, je suis disposé à adopter un expédient plus doux. Voyons! tâchons de terminer l'affaire par un compromis. — Et en parlant ainsi il prit un air gracieux et affable qui parut à Fairford annoncer plus de condescendance que la circonstance ne l'exigeait. — Je présume, continua-t-il, que vous consentirez aisément à passer encore ici un ou deux jours dans la retraite pourvu que je vous donne ma parole solennelle que vous verrez ensuite l'ami que vous cherchez; que vous le verrez en toute sûreté, et, comme je l'espère, en parfaite santé, et qu'alors vous serez tous deux libres de retourner en Écosse, ou de prendre tel parti que chacun de vous pourra juger convenable.

— Je respecte la parole d'un prêtre catholique autant qu'on peut raisonnablement l'attendre d'un protestant, répondit Fairford; mais il me semble que vous pouvez à peine espérer que j'accorde à celle d'un homme qui m'est inconnu toute la confiance qui est indispensable pour compter sur la promesse que vous me faites.

— Monsieur! s'écria le père avec un ton de hauteur, je ne suis pas accoutumé à voir douter de ma parole. — Mais, ajouta-t-il, — un instant de réflexion ayant suffi pour bannir de ses traits toute expression de ressentiment, — vous ne me connaissez pas, et ce doit être votre excuse. J'accorderai à votre honneur plus de confiance que vous ne paraissez disposé à en accorder au mien ; et, puisque nous sommes placés de manière qu'il faille que l'un compte sur la bonne foi de l'autre, je vais vous faire mettre en liberté, et je vous fournirai les moyens de remettre votre lettre à celui à qui elle est adressée, si, maintenant que vous en connaissez le contenu, vous pensez que le soin de votre sûreté vous le permette.

— Je ne vois pas trop, dit Fairford après quelques instans de réflexion, comment je puis parvenir à mon seul but, qui est la délivrance de mon ami, sans invoquer le secours des lois et réclamer l'assistance d'un magistrat. Si je présente à M. Redgauntlet cette étrange lettre de M. Maxwell, dont le contenu est venu à ma connaissance d'une manière si inattendue, je ne ferai que partager la captivité de Darsie Latimer.

— Et si vous vous adressez à un magistrat, jeune homme, vous causerez la perte des deux dames charitables à qui vous devez la vie. Suivant toutes les probabilités humaines, vous ne pouvez obtenir un mandat tel que vous le désirez sans détailler d'une manière claire et précise tout ce qui vous est arrivé depuis votre départ d'Édimbourg ; un magistrat vous obligera à lui rendre compte de toutes vos démarches avant de vous armer de son autorité contre un tiers, et vous ne pouvez le faire sans compromettre la sûreté de ces dames respectables. Cent espions ont eu et ont encore les yeux sur cette maison ; mais Dieu protégera ceux qui lui appartiennent. — Ici il fit le signe de la croix avec dévotion, et continua ensuite. — Vous pouvez prendre une heure pour réfléchir à ce que vous devez faire, et je vous aiderai à exécuter vos résolutions, pourvu que ce ne soit pas vous demander plus de confiance en ma parole que votre prudence ne vous engage à m'en accorder. Vous verrez Redgauntlet; je vous le nomme, pour vous prouver que je ne me méfie pas de vous; vous lui remettrez cette lettre de M. Maxwell, et je lui en écrirai une pour lui enjoindre de rendre la liberté à votre ami, et, dans tous les cas, de ne rien entreprendre contre votre personne par voie de détention ou autrement. Si vous pouvez vous fier à moi jusqu'à un tel point, ajouta-t-il en appuyant sur ces derniers mots, de mon côté je vous verrai partir d'ici sans aucune inquiétude, convaincu que vous n'y reviendrez pas armé des pouvoirs nécessaires pour conduire à leur perte ceux qui habitent cette maison. Vous êtes jeune et sans expérience, vous avez été élevé dans une profession qui est l'école de la méfiance, et qui apprend à voir la nature humaine sous un faux point de vue; moi, j'ai beaucoup vu le monde, et je sais mieux que bien des gens combien une confiance mutuelle est nécessaire pour venir à bout des affaires importantes.

Il parlait avec un ton de supériorité, et même d'autorité, qui en imposait à Fairford, et qui le réduisit au silence, malgré les combats intérieurs qu'il se livrait pour s'armer de plus de résolution. Ce ne fut que lorsque le père Bonaventure eut fait quelques pas pour sortir de l'appartement, qu'il retrouva la parole pour lui demander quel serait le résultat du refus qu'il pourrait faire d'accepter les conditions proposées.

— En ce cas, répondit le père Bonaventure, et pour la sûreté de toutes les parties, vous resteriez quelques jours de plus à Fairladies; nous avons les moyens de vous y retenir, et nous y aurions recours, parce que vous nous y auriez forcés. Mais votre captivité sera courte, car les choses ne peuvent rester long-temps au point où elles en sont ; il faut que le brouillard se dissipe, ou qu'il nous couvre de ténèbres éternelles.

En finissant ces mot, il sortit de l'appartement.

Lorsqu'il se fut retiré, Fairford se trouva fort embarrassé pour prendre un parti sur ce qu'il avait à faire. Son éducation et les principes de son père lui avaient fait concevoir une sainte horreur des papistes, et lui avaient inspiré une croyance aveugle en tout ce qu'il avait entendu dire de la foi punique des jésuites et des réserves mentales à l'aide desquelles on supposait que les prêtres catholiques, en général, se dispensaient de tenir toute parole donnée à un hérétique. Cependant il y avait dans le ton et dans les manières du père Bonaventure quelque chose qui annonçait une majesté couverte d'un nuage, à la vérité, mais encore grande et imposante, et qu'il était difficile de concilier avec les préjugés dont était imbu Alan ; préjugés qui accusaient d'astuce et de duplicité la religion de cet homme. Par-dessus tout, Alan sentait que, s'il refusait sa liberté aux conditions auxquelles on la lui offrait, il serait probablement retenu par la force ; et par conséquent, sous tous les rapports, il ne pouvait que gagner en l'acceptant.

Un scrupule l'arrêta pourtant un moment quand il vint à réfléchir, comme avocat, que ce père Bonaventure était probablement un traître aux yeux de la loi, et qu'il existait un certain statut qui déclarait coupable quiconque avait connaissance d'une trahison sans dénoncer le traître. Mais, d'une autre part, quoi qu'il pût croire ou soupçonner, il ne pouvait prendre sur lui d'affirmer que cet homme fût un prêtre, puisqu'il ne l'avait jamais vu ni célébrer la messe ni même porter le costume sacerdotal. Il lui était donc permis de douter d'un fait dont il n'avait aucune preuve légale. De là il arriva à la conclusion qu'il ferait bien d'accepter sa liberté, et d'aller trouver Redgauntlet sous la garantie du père Bonaventure; car il ne doutait guère qu'elle ne suffît pour le mettre à l'abri de toute insulte personnelle. S'il pouvait parvenir à lui parler, il était convaincu qu'il serait en état de lui démontrer la témérité de sa conduite et les dangers auxquels il s'exposerait en refusant de rendre la liberté à Darsie Latimer. Enfin, dans tous les cas, il saurait où était son ami et comment il était traité.

Ayant ainsi pris son parti, il attendit avec impatience la fin de l'heure de réflexion qui lui avait été accordée. Son attente ne fut pas prolongée un moment au-delà du terme convenu, car l'horloge sonnait à peine, qu'Ambroise parut à sa porte, et lui fit signe de le suivre dans la galerie. Après avoir traversé un de ces labyrinthes de corridors tels qu'on en voit si souvent dans les antiques manoirs, son guide le fit entrer dans un petit appartement où rien de ce qui pouvait être utile ou commode n'avait été oublié; et il y trouva le père Bonaventure, couché sur un sofa, dans l'attitude d'un homme épuisé de fatigue ou souffrant d'une indisposition. Sur une petite table placée à sa portée était un livre de prières à l'usage de l'Église romaine, une fiole contenant un cordial, et une tasse de porcelaine.

Ambroise n'y entra pas avec lui; il se contenta de saluer profondément, et ferma la porte avec le moins de bruit possible quand Fairford fut entré.

— Asseyez-vous, jeune homme, dit le père avec le même air de condescendance qui avait déjà surpris et presque offensé Fairford; vous avez été malade, et je ne sais que trop, par expérience, qu'une maladie exige de l'indulgence. Eh bien, ajouta-t-il dès qu'il le vit assis, à quoi êtes-vous décidé? à rester ou à partir?

— A partir, répondit Alan; sous la condition que vous garantirez ma sûreté à l'égard de l'homme étrange qui s'est conduit d'une manière si illégale envers mon ami Darsie Latimer.

— Ne jugez pas si précipitamment, monsieur : Redgauntlet a sur ce jeune homme les droits d'un tuteur sur son pupille. Il est le maître de fixer le lieu de sa résidence, quoiqu'il ait pu choisir des moyens peu judicieux pour exercer son autorité.

— La situation dans laquelle il se trouve, comme condamné pour crime de haute trahison, le prive de tous ses droits.

— Sans doute, dit le père Bonaventure en souriant de la vivacité du jeune avocat, aux yeux de ceux qui reconnaissent la justice de cette condamnation; mais c'est ce que je ne puis faire. Quoi qu'il en soit, monsieur, voici ma garantie; lisez, et assurez-vous que vous ne porterez pas une seconde fois la lettre d'Urie.

Fairford lut ce qui suit :

« Mon bon ami,

« Nous vous envoyons un jeune homme qui désire
» savoir dans quelle situation se trouve votre pupille

6.

» depuis qu'il est placé sous votre autorité paternelle,
» et vous engager à remettre votre parent en liberté.
» Nous recommandons cette mesure à votre prudence,
» désapprouvant hautement en même temps toutes voies
» de fait et de violence, quand il est possible de s'en
» dispenser; c'est pourquoi nous désirons que cette
» négociation ait une heureuse issue. Dans tous les cas,
» le porteur des présentes a notre parole pour garantie
» de sa sûreté et de sa liberté; veillez donc à ce que
» notre promesse soit strictement exécutée, si vous faites
» cas de notre honneur et du vôtre. Nous désirons en
» outre avoir un entretien avec vous sur des affaires de
» confiance dans le plus court délai possible; et, pour
» cette cause, nous désirons que vous veniez nous
» joindre ici en toute hâte. Sur quoi nous vous saluons
» cordialement.

» P. B. »

— Vous comprenez, monsieur, dit le père à Fairford quand il vit qu'il avait fini de lire cette lettre, qu'en vous chargeant de cette dépêche vous vous obligez à en attendre l'effet avant de recourir à ce que vous appelez des moyens légaux pour obtenir la mise en liberté de votre ami.

— Il y a un post-scriptum écrit en chiffres, dit Fairford après avoir lu la lettre avec attention; puis-je vous demander ce qu'il signifie?

— Il a rapport à mes affaires personnelles, et ne concerne aucunement les vôtres.

— Il me semble pourtant naturel de supposer...

— Ne supposez rien qui soit incompatible avec mon honneur, monsieur. Quand un homme comme moi accorde une faveur, il doit s'attendre à ce qu'on l'accepte avec reconnaissance, ou qu'on la refuse avec respect : ce ne doit être un sujet ni de question ni de discussion.

— J'accepterai donc votre lettre, dit Fairford après une minute de réflexion, et ma dette de reconnaissance sera amplement payée si le résultat répond à ce que vous me faites espérer.

— Dieu seul commande aux événemens ; l'homme ne peut qu'employer les moyens. Vous entendez bien qu'en vous chargeant de cette lettre vous engagez votre honneur à voir quel effet elle produira sur M. Redgauntlet avant de recourir à la délation, et de former aucune demande en justice?

— Je m'y regarde comme obligé, et j'y engage ma foi et mon honneur.

— Cela suffit. Je me fie à vous. Je vous dirai maintenant qu'un exprès que j'ai dépêché la nuit dernière doit avoir fait venir Redgauntlet dans un endroit qui n'est qu'à quelques milles de cette maison, et il trouverait peu sûr de s'y livrer à quelque acte de violence contre vous ou votre ami, s'il était assez insensé pour vouloir suivre l'avis de M. Maxwell, au lieu d'obéir à mes ordres. Maintenant nous nous entendons l'un l'autre.

En finissant de parler, il étendit la main vers Alan, qui avança la sienne pour la prendre, et lui donner en la serrant, suivant l'usage un nouveau gage de sa foi ; mais le père la retira à la hâte. Avant qu'Alan eût le temps de réfléchir sur cet étrange procédé, une petite porte couverte de tapisserie s'ouvrit tout à coup, et une dame entra dans l'appartement. Ce n'était pas une des miss Arthuret; c'était une femme dans l'été de la vie, dans la fleur de la beauté, grande, belle, et d'un aspect imposant. Ses cheveux d'un blond pâle et ses grands yeux bleus pleins de majesté auraient pu convenir à Junon elle-même. Son cou et son sein étaient d'une blancheur éclatante. Elle avait de l'embonpoint, mais pas plus qu'il ne convenait à son âge, qui paraissait d'environ trente ans. Sa démarche était celle d'une reine, mais d'une Vasthi plutôt que d'une Esther, fière et imposante, et non timide.

Le père Bonaventure se souleva sur son sofa d'un air courroucé, comme s'il eût été mécontent de son arrivée. — Que veut dire cela, madame? lui demanda-t-il d'un ton presque sévère; pourquoi nous honorez-vous de votre visite?

— Parce que tel est mon bon plaisir, répondit-elle d'un air fort calme.

— Votre bon plaisir, madame! répéta-t-il avec le même ton de mécontentement.

— Mon bon plaisir, monsieur, répéta-t-elle encore, et il marche toujours d'un pas égal avec mon devoir. On m'avait dit que vous étiez indisposé. J'espère que ce ne sont que les affaires qui vous retiennent ainsi dans la solitude?

— Je me porte bien, répondit-il, parfaitement bien, et je vous remercie de votre attention. Mais nous ne sommes pas seuls, et ce jeune homme...

— Ce jeune homme, dit-elle en fixant ses grands yeux sur Alan, et en le regardant d'un air sérieux, comme si elle ne l'eût aperçu qu'en ce moment; puis-je vous demander qui il est?

— Dans un autre instant, madame; vous apprendrez

son histoire quand il sera parti; sa présence ne me permet pas de m'expliquer davantage.

— Quand il sera parti il peut être trop tard. Eh! que m'importe sa présence quand il y va de votre sûreté? C'est l'avocat hérétique que ces deux folles, les miss Arthuret, ont admis dans cette maison, dans un moment où elles auraient dû laisser leur père frapper en vain à la porte, même par la nuit la plus affreuse. Vous ne souffrirez sûrement pas qu'il parte?

— Je l'ai déjà permis; c'est un point résolu. Votre zèle indiscret, quelque louable qu'en soit le motif, peut seul rendre cette démarche dangereuse en y ajoutant un nouveau risque.

— Est-il possible? dit la dame d'un ton de reproche mêlé de crainte et de respect. C'est donc ainsi que votre confiance aveugle vous entraînera toujours comme un cerf au milieu des pièges des chasseurs, après tout ce qui est arrivé!

— Paix, madame, dit le père Bonaventure en se levant; gardez le silence, ou sortez de cet appartement. Mes desseins ne doivent pas être l'objet de la critique d'une femme.

La dame semblait sur le point de répondre avec vivacité à cet ordre péremptoire; mais elle réprima ce mouvement en serrant fortement ses lèvres l'une contre l'autre, comme pour les empêcher de laisser passer les paroles qu'elle avait déjà sur la langue. Elle fit au père une révérence profonde, avec un air moitié de reproche moitié de respect, et se retira aussi subitement qu'elle était entrée.

La sérénité de la physionomie du père Bonaventure parut troublée par cet incident, et il semblait sentir qu'il ne pouvait servir qu'à remplir l'imagination de Fairford de nouveaux soupçons. Il se mordit les lèvres, et murmura quelques mots à voix basse, en se promenant dans sa chambre. Se tournant ensuite tout à coup vers Fairford, avec un sourire plein de douceur, il fixa les yeux sur lui avec une expression qui n'annonçait plus que la confiance et la bonté.

— La visite dont nous venons d'être honorés, mon jeune ami, lui dit-il, vous a donné plus de secrets à garder que je ne l'aurais voulu. Cette dame est une personne distinguée par sa naissance, par son rang et par sa fortune; et cependant elle est dans une telle situation, que le seul fait de sa présence en ce pays pourrait, s'il était connu, occasioner de grands malheurs. Je vous prie donc de garder le secret à ce sujet, même à l'égard de Redgauntlet et de Maxwell, malgré toute la confiance que je leur accorde en ce qui concerne mes propres affaires.

— Je ne puis avoir aucun motif, répondit Fairford, pour leur parler, ou à qui que ce soit, de ce dont je viens d'être témoin. Le hasard seul aurait pu en faire un sujet de conversation, et, me trouvant averti, j'aurai soin de l'éviter.

— Vous ferez bien, monsieur, et je vous en remercie, dit le père Bonaventure en mettant un ton de dignité dans l'expression de ses remerciemens. Vous saurez peut-être un jour ce que c'est que d'avoir obligé un homme de ma condition. Quant à la dame que vous venez de voir, elle est douée du plus grand mérite, et l'on ne saurait en parler que pour lui donner de justes éloges; néanmoins... Mais, monsieur, nous errons en ce moment comme dans un brouillard du matin. J'espère que le soleil ne tardera pas à se lever et à le dissiper, et alors tout ce qui paraît mystérieux sera complètement éclairci. S'il vient à se résoudre en pluie, ajouta-t-il d'un ton solennel, toute explication sera peu importante. Adieu, monsieur; je vous souhaite le bonjour.

Il salua Alan d'une inclination de tête faite d'un air gracieux, et sortit par la porte par où la dame était entrée. Fairford crut reconnaître leurs voix dans l'appartement voisin, et il lui semblait qu'on s'y querellait avec chaleur.

Un moment après Ambroise entra, et il lui dit qu'un guide et un cheval l'attendaient au bas de la terrasse.

— Le bon père Bonaventure, ajouta le majordome, a pris votre situation en considération, et m'a chargé de vous demander si vous avez besoin d'argent.

— Présentez mes respects à Sa Révérence, répondit Fairford, et dites-lui que je n'en manque pas. Je vous prie aussi de faire mes remerciemens aux miss Arthuret, et de les assurer que je me souviendrai avec reconnaissance de l'hospitalité qu'elles ont bien voulu m'accorder, et à laquelle je dois probablement la vie, aussi longtemps que cette vie me sera conservée. Et vous-même, M. Ambroise, croyez que je sens vivement tout ce que je dois à vos soins et à vos connaissances.

Tout en parlant ainsi, ils sortaient de la maison. Ils descendirent ensuite la terrasse et arrivèrent à l'endroit où le jardinier, ancienne connaissance de Fairford, l'attendait, monté sur un cheval, et en tenant un second en laisse.

Faisant ses adieux à Ambroise, notre jeune avocat monta à cheval, et entra dans l'avenue, tournant fréquemment la tête en arrière pour jeter un regard sur l'habitation sombre et négligée qu'il quittait, et dans laquelle il avait été témoin de scènes si étranges. Il réfléchissait en même temps sur les habitans mystérieux qu'elle renfermait, principalement sur le caractère noble et presque royal du prêtre, et sur la belle et capricieuse dame, qui, si elle était vraiment une pénitente du père Bonaventure, semblait moins docile à l'autorité de son directeur que ne le permettait, à ce que croyait Alan, la discipline de l'Église catholique. Il ne pouvait s'empêcher de remarquer que les manières de ces deux personnes ne répondaient nullement à l'idée qu'il s'était formée d'un prêtre et d'une dévote. Le père Bonaventure surtout avait trop de dignité naturelle et trop peu d'art et d'affectation pour ressembler en rien au portrait que faisaient les calvinistes de cet être astucieux et redouté, — un missionnaire jésuite.

Tout en faisant ces réflexions, il jetait si souvent les yeux sur la maison, que Dick, qui aimait à jaser, et qui commençait à se lasser de garder le silence, en prit occasion de lui dire : — Vous saurez reconnaître Fairladies quand vous y reviendrez, monsieur.

— Je crois que cela ne me sera pas difficile, Dick. Je voudrais savoir aussi bien où je vais maintenant. Mais vous pouvez peut-être me le dire.

— Votre Honneur doit le savoir mieux que moi. Cependant j'ai dans mon idée que vous allez où l'on devrait vous envoyer tous, bon gré mal gré, vous autres Écossais.

— Non pas au diable, Dick?

— Pas tout-à-fait. C'est un voyage que vous pouvez faire comme hérétique; mais comme Écossais, je voudrais seulement vous mettre aux trois quarts du chemin; c'est-à-dire en Écosse. Pardon, Votre Honneur !

— Est-ce de ce côté que vous me conduisez?

— Juste au bord de l'eau. Je vous conduis chez le père Crackenthorp; et de là vous n'avez à faire, comme on dit, qu'un pas et un glissé pour être en Écosse. Mais peut-être y penserez-vous à deux fois avant d'y entrer, car il n'y a nulle part d'aussi gras pâturages que dans la vieille Angleterre pour le bétail du nord.

CHAPITRE XVII.

NARRATION DES AVENTURES DE DARSIE LATIMER.

Il faut maintenant, pour parler comme les anciens romanciers, que notre histoire abandonne le bon Alan Fairford dans ses recherches, et qu'elle s'occupe des aventures arrivées à Darsie Latimer, depuis qu'il est sous la garde précaire de son soi-disant tuteur, le Laird des Lacs du Solway, aux volontés arbitraires duquel il trouvait nécessaire, quant à présent, de se conformer.

En conséquence de cette résolution prudente, et quoiqu'il ne prît pas un semblable déguisement sans quelque sentiment de honte, Darsie souffrit que Cristal Nixon lui plaçât sur le visage et y assujettit, à l'aide d'un ressort, un de ces masques de soie que les dames portaient fréquemment à cette époque, pour conserver leur teint, quand elles entreprenaient un long voyage à cheval. Il se permit des réclamations beaucoup plus vives contre la longue jupe de selle qui le métamorphosa en femme depuis la ceinture jusqu'au-dessous des pieds; mais il fut obligé de céder encore sur ce point.

La métamorphose fut alors complète; car il est bon d'informer nos belles lectrices que, dans ce temps encore grossier, les dames, quand elles faisaient au costume d'homme l'honneur d'en prendre une partie, portaient des chapeaux, des habits et des gilets exactement semblables à ceux dont faisaient usage les *animaux* de notre sexe; et qu'elles n'avaient pas la moindre idée de cet élégant compromis entre le costume d'homme et celui de femme, auquel on donne maintenant par excellence le nom d'*habit* (1). Nos mères devaient avoir l'air de créatures bien étranges, avec de longs habits carrés sans collet, et des vestes à grandes poches qui tombaient des deux côtés jusqu'à mi-jambe. Mais elles trouvaient quelque avantage dans les couleurs splendides, les galons et les broderies élégantes que les vêtemens de l'autre sexe déployaient alors; et, comme cela arrive en maints cas semblables, la finesse de l'étoffe dédommageait de la grace et de la symétrie qui manquaient à la forme du costume. Mais ceci est une digression.

Dans la cour de la vieille maison, moitié château, moitié ferme, ou plutôt ancien manoir fort dégradé, dont on avait fait une demeure pour un fermier du Cumberland, étaient plusieurs chevaux sellés et bridés. Quatre ou cinq étaient déjà montés par des domestiques ou des affidés d'un rang inférieur, tous armés de sabres, de pistolets et de carabines. Un de ces chevaux avait une selle à usage de femme; et derrière

(1) Amazone. — Tr.

la selle d'un autre était un coussinet arrangé pour qu'on pût s'y asseoir en croupe.

Le cœur de Darsie battit vivement. Il comprit aisément qu'un de ces chevaux lui était destiné, et il conçut l'espoir que l'autre attendait la belle Mante Verte, dont il avait fait constamment la dame de ses pensées, quoique les occasions qu'il avait eues de la voir n'eussent duré, la première fois, que le temps de prononcer un *benedicite* et la seconde, que celui de faire une contre-danse. Mais déjà mainte fois Darsie s'était ainsi laissé aller à une passion aussi subite qu'il la croyait ardente et durable. L'amour ne triomphait de lui qu'en vrai conquérant maratte, qui s'empare d'une province avec la rapidité de l'éclair, mais qui ne peut en conserver la possession qu'un temps bien court. Pour cette fois pourtant, l'amour semblait lui avoir fait une blessure un peu plus profonde que celles dont Alan Fairford le plaisantait souvent, et qui n'avaient fait qu'effleurer son cœur. La Mante Verte avait donné des preuves de l'intérêt sincère qu'elle prenait à lui, et l'air de mystère qui voilait cet intérêt prêtait à cette inconnue, dans l'imagination vive de Darsie, le caractère d'un esprit bienveillant et protecteur, avec les traits d'une femme ornée de tous les charmes et de toutes les graces de son sexe.

Jusqu'à cette époque l'imagination seule avait fait tous les frais du roman de ses amours éphémères, et dès qu'il s'était approché de plus près de l'objet de sa flamme subite, le sentiment avait disparu; mais ce nouvel attachement devait sa naissance à des circonstances qui auraient pu faire impression sur un cœur moins enflammable et sur une imagination moins vive que celle de Darsie, jeune, enthousiaste et sans expérience comme il était.

Il attendait donc avec impatience l'arrivée de la dame à qui était destiné le palefroi portant une selle de femme; — mais avant qu'elle parût pour y monter, on l'avertit lui-même de se placer en croupe sur un coussinet, derrière Cristal Nixon. Son ancienne connaissance, John, l'aida à y monter, non sans faire des grimaces qui indiquaient l'envie de se moquer du cavalier déguisé, tandis que Dorcas riait de tout son cœur, sans se contraindre, en montrant un double rang de dents blanches comme l'ivoire.

Darsie Latimer était à un âge où l'on ne se soumet pas facilement à être tourné en ridicule, même par un paysan ou par une laitière, et il aurait bien volontiers caressé de sa houssine les épaules de John; mais c'était une consolation à laquelle il ne pouvait penser en ce moment; et d'ailleurs Cristal Nixon le tira sur-le-champ de cette situation peu agréable en ordonnant qu'on se mît en marche. Deux hommes allaient en avant, Nixon marchait ensuite, avec Latimer en croupe, et deux autres cavaliers les suivaient, ayant toujours, à ce qu'il parut à Darsie, les yeux fixés sur lui, de crainte qu'il ne fît quelque tentative pour s'échapper. Il remarquait de temps en temps, quand on s'avançait en ligne droite ou que quelque hauteur le lui permettait, qu'une autre troupe de trois ou quatre cavaliers les suivait à la distance d'un quart de mille. La grande taille de Redgauntlet et l'excellent cheval noir qu'il montait le distinguaient parmi les autres, et Darsie ne doutait guère que la Mante Verte ne fût auprès de lui; mais il lui fut impossible de la reconnaître.

7.

Ils voyagèrent ainsi depuis six heures du matin jusqu'à dix, sans que le captif eût adressé un seul mot à personne; car il n'était nullement tenté d'entrer en conversation avec Cristal Nixon, contre lequel il semblait avoir une aversion d'instinct, et le caractère sombre et taciturne de ce domestique n'était pas d'ailleurs de nature à encourager ses avances.

Enfin les voyageurs s'arrêtèrent pour prendre quelques rafraîchissemens; mais, comme ils avaient évité jusqu'alors tout village et tout endroit habité, ce fut dans une de ces granges tombant en ruines qu'on trouve quelquefois dans ces cantons, à quelque distance des fermes auxquelles elles appartiennent. On avait pourtant fait dans cet endroit désert quelques préparatifs pour leur réception. A une extrémité de la grange, on voyait un râtelier garni de fourrage pour les chevaux, et sous des bottes de foin on trouva plusieurs paniers contenant des provisions. Cristal Nixon en réserva une partie, et ses compagnons se jetèrent sur le reste, qu'il abandonna à leur discrétion. Quelques minutes après, l'arrière-garde arriva, mit pied à terre, et Redgauntlet entra dans la grange avec la belle à la mante verte.

Il la présenta à Darsie, dont Nixon avait détaché le masque, et lui dit : — Il est temps que vous vous connaissiez mieux l'un l'autre. Je vous ai promis ma confiance, Darsie, et le moment est arrivé de tenir ma promesse; mais il faut d'abord songer à déjeuner, et, quand nous nous serons remis en selle, je vous apprendrai ce dont il est nécessaire que vous soyez instruits. — Embrassez Lilias, Darsie.

Cet ordre, aussi subit qu'inattendu, surprit Latimer, et sa confusion augmenta encore en voyant l'air d'aisance, de franchise et d'empressement avec lequel Lilias lui présenta sa main et sa joue. Il restait immobile, et ce fut elle qui lui prit la main, et la serrant dans la sienne elle lui dit avec l'accent d'une tendresse véritable : — Mon cher Darsie, combien je me trouve heureuse que notre oncle permette enfin que nous fassions connaissance !

Pour le coup, la tête tourna à Darsie. Heureusement Redgauntlet l'appela en ce moment pour lui dire de s'asseoir pour déjeuner, et ce mouvement l'aida à cacher sa confusion. Il y a une vieille chanson qui dit :

>Près de femme trop facile,
>On a toujours l'air d'un sot.

L'air de Darsie à cet accueil si cordial et si inattendu, la manière vive et empressée avec laquelle Lilias lui offrait sa main et sa joue, feraient un admirable sujet de vignette pour ce passage : — Mon cher Darsie ! — Rien n'était sans doute plus gracieux qu'un tel accueil, mais rien ne pouvait moins convenir aux sentimens et au caractère de notre ami. Si un ermite lui avait proposé de lui faire tête en buvant un pot de bière, l'illusion produite par la sainteté apparente du révérend ne se serait pas dissipée plus promptement que ne s'évanouirent dans son esprit toutes les divines qualités de la Mante Verte, en voyant la cordialité mal imaginée de la pauvre Lilias. Mécontent des avances qu'elle venait de lui faire, se reprochant à lui-même de s'être trompé dans le jugement qu'il en avait porté, à peine put-il s'empêcher de fredonner deux autres vers de la chanson que nous avons déjà citée :

> Si sans être ébranlé l'arbre donne son fruit,
> Je le trouve trop mûr, je n'en suis pas séduit.

Et vraiment, n'était-ce pas dommage! — Lilias était une jeune personne fort jolie. Latimer ne pouvait reprocher à son imagination d'avoir été coupable d'exagération à cet égard. Le désordre que le voyage avait produit dans ses beaux cheveux bruns, dont quelques boucles s'étaient échappées de dessous son chapeau, et les belles couleurs dont l'exercice avait orné ses joues, la rendaient même plus séduisante que jamais. La sévérité des regards de Redgauntlet se relâchait quand il les dirigeait vers elle, et son ton s'adoucissait quand il lui adressait la parole. Les traits de Cristal Nixon lui-même perdaient quelque chose de leur rudesse quand il était en sa présence, et ce n'était qu'alors que son visage paraissait appartenir à la nature humaine.

— Comment peut-elle avoir un air si céleste, pensait Latimer, et n'être qu'une simple mortelle! pourquoi faire des avances si prononcées, quand elle aurait dû montrer le plus de réserve! Comment concilier sa conduite avec la grace et l'aisance dont elle semble offrir un modèle?

Toutes ces réflexions confuses dans l'imagination de Darsie donnaient à ses yeux un air égaré; il ne songeait pas à faire honneur au déjeuner placé devant lui; il était silencieux, évidemment distrait. Lilias s'en aperçut, et lui demanda avec l'air d'une tendre inquiétude s'il sentait quelque retour de la maladie dont il avait été dernièrement attaqué. Redgauntlet, qui était lui-même livré à ses réflexions, leva alors les yeux sur lui, et fit la même question avec un air d'intérêt. Latimer leur répondit à tous deux qu'il se trouvait parfaitement bien.

— J'en suis charmé, dit Redgauntlet ; car la course que nous avons à faire ne nous permet guère de nous arrêter pour cause d'indisposition. Nous n'avons pas assez de loisir pour être malade, comme le dit Hotspur (1).

Lilias, de son côté, offrait à Darsie tout ce qui était à sa portée, en lui montrant en tout une politesse prévenante et affectueuse qui répondait à la vivacité de l'intérêt qu'elle lui avait témoigné lorsque Redgauntlet les avait présentés l'un à l'autre. Mais, malgré cet empressement, toutes ses actions, toutes ses paroles avaient un caractère si naturel, si innocent, si pur, que le fat le plus décidé n'aurait pu trouver une ombre de coquetterie, ou le moindre désir de s'assurer un bien aussi précieux que son affection. Quant à Darsie, qui n'avait que cette dose de bonne opinion de soi-même assez ordinaire à tous les jeunes gens dont la vingt-unième année approche, il ne savait comment expliquer sa conduite.

Quelquefois il était tenté de croire que, pendant le peu d'instans qu'ils s'étaient vus, son mérite avait fait une telle impression sur cette jeune personne, probablement élevée dans l'ignorance du monde et de ses usages, qu'elle se trouvait hors d'état de cacher les sentimens tendres qu'elle avait conçus pour lui. Ensuite il la soupçonnait d'agir par ordre de son oncle, qui, sachant sans doute que lui, Darsie, avait droit à une fortune considérable, pouvait avoir eu recours à cette mesure hardie pour amener un mariage avantageux pour sa nièce.

(1) Shakspeare, *Henry V*. — Ép.

Mais aucune de ces suppositions ne convenait au caractère de ces deux personnes. Les manières de Lilias, quoique simples et naturelles, montraient assez d'aisance et de versatilité pour prouver que le monde ne lui était pas étranger; et dans le peu de mots qu'elle dit pendant le déjeuner, Darsie remarqua une justesse et un bon sens qui ne pouvaient guère appartenir à une jeune personne capable de jouer si ouvertement le sot rôle d'une fille amoureuse. Quant à Redgauntlet, avec son air majestueux, son sourcil sinistre, son œil menaçant, il était impossible, pensait Darsie, de le soupçonner d'un projet qui n'aurait pour but que son intérêt personnel. Il se serait aussi bien représenté Cassius volant le mouchoir ou la bourse de César, au lieu d'enfoncer son poignard dans le sein du dictateur.

Tandis qu'il réfléchissait ainsi, hors d'état de boire, de manger, et de répondre aux politesses de Lilias, cette jeune personne cessa enfin de lui parler, et garda le silence comme lui.

Ils avaient passé près d'une heure ensemble, quand Redgauntlet dit tout haut : — Jetez un coup d'œil au-dehors, Cristal Nixon; si nous ne recevons pas de nouvelles de Fairladies, il faut que nous nous remettions en route.

Cristal sortit, rentra quelques instans après, et dit à son maître, d'une voix dont l'accent dur était d'accord avec sa physionomie : — Gilbert Gregson arrive, et son cheval est couvert d'écume comme si le diable l'avait monté.

Redgauntlet repoussa loin de lui l'assiette dont il s'était servi, et courut à la hâte vers la porte de la grange. L'exprès qui lui était envoyé y entrait au même instant. C'était un jockey assez bien vêtu, portant un bonnet de chasse de velours noir, et ayant un large ceinturon serré autour de sa taille, soutenant le sac contenant ses dépêches. La boue dont il était couvert depuis la tête jusqu'aux pieds prouvait qu'il avait galopé, et sur de mauvaises routes. Il salua respectueusement Redgauntlet en lui remettant une lettre, et s'avança vers le fond de la grange où étaient les autres domestiques, assis ou couchés sur la paille, pour s'y reposer.

Redgauntlet ouvrit la lettre avec empressement, et la lut d'un air inquiet et soucieux. A la seconde lecture, son mécontentement parut augmenter; son front se rida, et le signe fatal, particulier à sa famille, s'y imprima distinctement. Darsie n'avait pas encore vu ses sourcils se froncer de manière à produire sur son front une représentation si exacte du signe que la tradition prétendait être héréditaire dans sa maison.

Redgauntlet tenait d'une main la lettre ouverte, et la frappant avec l'index de l'autre, il dit à Cristal Nixon, d'une voix sourde et concentrée, et avec un ton de mécontentement : — Un contre-ordre! ne faut-il pas aller encore une fois vers le nord? Vers le nord! quand toutes nos espérances sont au sud. C'est une seconde affaire de Derby, où nous tournâmes le dos à la gloire pour courir à notre ruine.

Cristal Nixon prit la lettre, la parcourut, et la rendit à son maître en lui disant froidement : — L'influence de l'esprit féminin domine.

— Mais elle ne dominera pas plus long-temps, s'écria Redgauntlet. Elle s'évanouira à mesure que la nôtre s'élèvera sur l'horizon. Je vais marcher en avant, et vous, Cristal Nixon, vous conduirez la troupe à l'endroit désigné dans cette lettre. Vous pouvez maintenant permettre à ces deux jeunes gens de causer ensemble sans réserve. Veillez seulement à ce que Darsie ne puisse s'échapper s'il était assez insensé pour le tenter; mais ne vous approchez pas d'eux de manière à gêner leur conversation.

— Je me soucie fort peu de leur conversation, répondit Nixon d'un ton bourru.

— Vous entendez mes ordres, Lilias, dit le Laird; vous avez ma permission et mon autorisation pour faire connaître à ce jeune homme nos affaires de famille autant que vous les connaissez vous-même. Lorsque je vous rejoindrai, j'achèverai de l'en instruire, et j'espère que nous aurons un Redgauntlet de plus. Qu'on donne un cheval à Latimer, comme il se nomme; quant à son déguisement, il faut qu'il le conserve encore quelque temps. — Mon cheval! mon cheval (1)!

En moins de deux minutes on l'entendit partir au grand galop, suivi de deux de ses hommes bien armés.

Les ordres de Cristal Nixon eurent bientôt mis en mouvement le reste de la troupe; mais le Laird était hors de vue long-temps avant que tout fût prêt pour le départ. Quand on se remit enfin en route, on donna à Darsie un cheval avec une selle de femme, et il ne fut plus obligé de se placer en croupe sur un coussinet derrière Nixon. Il fut pourtant dans la nécessité de conserver son long jupon, et de remettre son masque. Malgré cette précaution, et quoiqu'il eût remarqué

(1) C'est le cri si connu du Richard III de Shakspeare: *my horse! my horse!* — ÉD.

qu'on lui donnait le cheval le plus lourd et le plus lent de toute la troupe, sans doute pour qu'il songeât moins à s'enfuir, il était surveillé avec la plus grande attention. Mais voyager à côté de la jolie Lilias était un avantage qui balançait tous ces inconveniens et au-delà.

Il était pourtant vrai que cette compagnie, qu'il aurait regardée quelques heures auparavant comme la faveur du ciel la plus précieuse, excitait en lui un enthousiasme moins ardent qu'il ne s'y était attendu, maintenant qu'elle lui était accordée si inopinément.

Ce fut en vain que, pour profiter d'une occasion si favorable pour se livrer à ses dispositions romanesques, il chercha à faire renaître son rêve délicieux d'une passion aussi tendre que vive ; il éprouva une telle confusion d'idées en voyant la différence qui existait entre l'être céleste que lui avait offert son imagination et la simple mortelle près de qui il se trouvait, qu'il était tenté de l'attribuer à l'effet d'un sortilège. Ce qui le surprenait le plus c'était que cette flamme soudaine se fût éteinte si rapidement, quoique les attraits de Lilias lui parussent encore au-dessus de ce qu'il s'était figuré. S'il n'avait pensé qu'elle lui semblait montrer trop d'affection pour lui, il aurait avoué que ses manières avaient autant de grace et de décence qu'il lui en avait jamais attribué dans ses rêves.

Sa persuasion qu'il avait gagné sa tendresse plus tôt qu'il ne s'y attendait était-elle la cause de l'ingratitude qui lui faisait dédaigner un prix trop facile? Sa passion passagère n'avait-elle produit sur son cœur que l'effet d'un rayon du soleil d'hiver qui brille un instant sur la glace, mais qui n'a pas assez de chaleur pour la fondre? Ce serait lui faire injure de le croire. Ni l'une ni l'autre de ces suppositions ne serait exacte, quoiqu'il fût possible qu'une certaine légèreté de caractère eût contribué à amener le changement qui s'était opéré en lui.

Peut-être est-il vrai que le plaisir de l'amant, comme celui du chasseur, consiste dans la poursuite, et que la beauté la plus brillante perd la moitié de ses attraits, comme la plus belle fleur son parfum, quand la main qui veut la cueillir peut y atteindre trop aisément. Il faut qu'il y ait des doutes, des difficultés, des dangers même. Si, comme le dit le poète,

Le fleuve de l'amour n'a pas un cours tranquille,

c'est peut-être parce que, sans quelques obstacles à surmonter, sans ce qu'on appelle le romanesque de l'amour, cette passion, prise dans son caractère poétique et avec son coloris le plus brillant, ne peut pas plus exister qu'il ne peut y avoir de courant dans une rivière quand elle n'est pas resserrée dans un lit étroit, ou arrêtée par quelques rochers.

Que ceux qui contractent une union pour la vie sans rencontrer ces embarras qui enchantent un Darsie Latimer ou une Lydia Languish (1), et qui sont peut-être nécessaires pour exciter l'enthousiasme de la passion dans des cœurs plus calmes que les leurs, n'augurent pourtant pas plus mal de leur bonheur futur, parce que leur alliance se forme sans événemens romanesques. Une estime mutuelle, une connaissance intime du caractère l'un de l'autre, connaissance plus facile à acquérir quand on n'est pas sous l'illusion d'un attachement exalté, les convenances du rang et de la fortune,

(1) Héroïne d'une comédie de Sheridan. (*the Rivals*). — Éd.

le rapport des goûts, se trouvent plus fréquemment dans un mariage de raison que dans celui qui est le résultat d'un attachement romanesque ; car, lorsque l'imagination a créé elle-même les vertus et les talens de l'objet aimé, elle se plaît souvent à exagérer les conséquences mortifiantes de son désappointement, et aigrit ainsi les tourmens de son repentir. Ceux qui suivent les bannières de la raison sont comme les soldats d'un bataillon bien discipliné, qui, portant un uniforme plus simple, et faisant une figure moins brillante que les troupes légères commandées par l'Imagination, jouissent de plus de sécurité, et acquièrent même plus d'honneur dans les combats auxquels est exposée la vie humaine. Mais toutes ces réflexions sont étrangères à notre histoire.

Ne sachant trop comment adresser la parole à celle à qui il aurait été naguère si empressé de parler, et embarrassé par un tête-à-tête dans lequel il craignait que son inexpérience et sa timidité ne lui fissent faire quelque gaucherie, Darsie resta quelques minutes avant d'avoir pu s'armer d'assez de courage pour entamer la conversation, et même pour lever les yeux sur sa belle compagne. Sentant pourtant que le silence n'était pas convenable dans la situation où il se trouvait, et remarquant que, quoique Lilias portât son masque, il y avait dans son air de l'embarras et de la tristesse, il se reprocha sa froideur, et lui dit du ton le plus tendre qu'il lui fut possible de prendre :

— Vous devez croire que je manque de reconnaissance, miss Lilias, puisque j'ai pu rester si long-temps près de vous sans vous remercier de l'intérêt que vous avez daigné prendre à mes malheureuses affaires.

— Je suis charmée que vous ayez enfin parlé, répondit-elle, quoique ce soit, je l'avoue, avec plus de froideur que je ne m'y attendais. *Miss Lilias! l'intérêt que j'ai daigné prendre!* Et à qui puis-je prendre intérêt si ce n'est à vous, mon cher Darsie? Pourquoi mettez-vous entre nous cette barrière de cérémonial? De malheureuses circonstances ne nous ont-elles pas déjà séparés assez long-temps?

Darsie fut encore confondu de l'ultrafranchise (1), si l'on veut nous passer cette expression, d'un aveu si naïf. — Peut-on se jeter ainsi à la tête d'un jeune homme? pensait-il. — Si ce n'est pas là parler clairement, je ne sais où il faut chercher la clarté.

Embarrassé par ces réflexions, et ayant naturellement une délicatesse bizarre et presque excessive, il ne put que bégayer à sa compagne des remerciemens, et parler de bonté et de reconnaissance.

Elle lui répondit d'un ton moitié chagrin, moitié impatient, et répéta avec un accent qui indiquait le mécontentement, les seuls mots qu'il eût distinctement prononcés.

— Ma bonté! votre reconnaissance! Oh, Darsie! est-ce là le langage que vous devez me tenir? Hélas! je ne vois que trop que vous êtes mécontent de moi, quoique je ne puisse en deviner la cause! Peut-être pensez-vous que je me suis donné trop de liberté en allant rendre visite à votre ami. Mais songez que je ne l'ai fait que pour vous; que je n'avais pas de meilleur moyen pour vous mettre en garde contre les infortunes qui vous sont arrivées; contre la captivité que vous avez subie et que vous subissez encore.

(1) Dans le texte *extra-candour*. — Éd.

— Ma chère dame, dit Darsie se rappelant cette circonstance, et commençant à soupçonner qu'il pouvait avoir commis quelque méprise, soupçon que les mots qu'il venait de prononcer parurent communiquer sur-le-champ à Lilias, car elle l'interrompit à l'instant.

— Dame! ma chère dame! s'écria-t-elle. Mais, au nom du ciel! pour qui ou pour quoi me prenez-vous donc, pour m'adresser la parole avec ce ton de cérémonial?

Si cette question eût été faite à Darsie, dans ce palais enchanté du pays des fées (1) où il est impossible de répondre autrement qu'avec une sincérité absolue, il aurait certainement répliqué qu'il la prenait pour la fille la plus franche qui eût jamais existé depuis le jour où notre mère Ève mangea la pomme fatale. Mais, comme il était encore sur la terre, et qu'il pouvait par conséquent recourir à quelques détours de politesse, il se contenta de répondre qu'il croyait avoir l'honneur de parler à la nièce de M. Redgauntlet.

— Bien certainement, dit Lilias; mais ne vous est-il pas aussi aisé de dire: — A ma sœur?

Darsie tressaillit.

— Ma sœur! s'écria-t-il.

— Vous ne le saviez donc pas? lui demanda-t-elle. Je trouvais votre accueil bien froid et bien indifférent.

Un embrassement tendre et cordial suivit cette explication; et Darsie était si léger, qu'il se trouva plus soulagé de se voir délivré de l'embarras qu'il redoutait depuis une demi-heure, en se croyant en danger d'être persécuté par les avances d'une jeune fille, que dés-

---

(1) Voyez l'entrée de *Thomas le Rimeur* dans *Fairy-Land*.—Éd.

appointé par la disparition soudaine des rêves romanesques dont la Mante Verte avait été l'objet. Renversé déjà de son Pégase, il se trouva fort heureux d'avoir fait cette chute sans blessure. D'ailleurs, malgré ses folies et ses caprices, il avait le cœur bon et généreux : il fut enchanté d'avoir une sœur si aimable et si charmante ; et il l'assura, dans les termes les plus affectueux, de toute sa tendresse, et de la protection qu'il lui accorderait dès qu'ils auraient pu se tirer de leur position actuelle.

Les sourires et les pleurs se mêlaient sur les joues de Lilias, comme on voit, en un jour d'avril, paraître en même temps le soleil et la pluie (1).

— Est-il possible, dit-elle, que je sois assez enfant pour pleurer de ce qui me rend si heureuse ! Dieu sait que la tendresse que font naître les liens du sang est un sentiment dont j'ai toujours désiré de goûter les douceurs, quoique mon cœur y ait été étranger jusqu'à présent. Mon oncle dit que vous et moi nous ne sommes Redgauntlet qu'à demi, et que le métal dont est faite la famille de notre père a perdu sa trempe dans les enfans de notre mère.

— Hélas ! répondit Darsie, je connais si peu l'histoire de notre famille, que je doutais encore que j'appartinsse à celle de Redgauntlet, quoique le chef de cette maison me l'eût lui-même donné à entendre.

— Le chef de cette maison ! répéta Lilias. Il est bien vrai que vous ne connaissez guère l'histoire de votre famille, si vous entendez par-là mon oncle. C'est vous, mon cher Darsie, qui êtes le chef et le représentant de

(1) Cette même idée a été rendue par Byron dans une des strophes les plus gracieuses de son *Don Juan*. — Éd.

notre ancienne famille; car notre père était le frère aîné de notre oncle : c'était le brave et infortuné sir Henry Darsie Redgauntlet, qui fut décapité à Carlisle en 1746. Il avait ajouté à son nom celui de Darsie, parce que c'était le nom de notre mère, héritière d'une famille aussi ancienne que riche du Cumberland, et dont la fortune considérable vous appartient incontestablement, quoique les biens de notre père aient été compris dans la sentence générale de confiscation. Mais vous devez connaître déjà tous ces détails.

— C'est la première fois que j'en entends parler, répondit Darsie.

— Et vous ne saviez pas que j'étais votre sœur? ajouta Lilias. Je ne suis plus surprise que vous m'ayez fait un accueil si froid. Comme j'ai dû vous paraître étrange, imprudente, hardie, en me mêlant des affaires d'un étranger à qui je n'avais jamais parlé qu'une seule fois, et en correspondant avec lui par signes! Juste ciel! qu'avez-vous dû penser de moi?

— Et comment aurais-je pu connaître notre parenté? dit Darsie; vous savez que je n'en étais pas instruit lorsque nous dansâmes ensemble à Brokenburn.

— C'était ce que je voyais avec peine, répondit Lilias, et j'aurais bien désiré vous en informer; mais j'étais surveillée de près, et avant que j'eusse pu trouver ou faire naître une occasion d'en venir à une explication avec vous sur un sujet si intéressant, je fus forcée de me retirer. Mais vous pouvez vous rappeler que je vous conseillai de quitter les frontières, car je prévoyais ce qui est arrivé. Depuis que vous êtes au pouvoir de mon oncle, je ne doutais pas qu'il ne vous eût appris toute l'histoire de notre famille.

—Il vous a laissé le soin de m'en instruire, Lilias, dit Darsie; et je vous assure que je l'apprendrai avec beaucoup plus de plaisir de votre bouche que de la sienne. Je n'ai pas lieu d'être satisfait de sa conduite à mon égard.

— Vous serez plus en état d'en juger, répondit Lilias, quand vous aurez entendu ce que j'ai à vous apprendre.

Et elle commença son récit comme on le verra dans le chapitre suivant.

CHAPITRE XVIII.

SUITE DE LA NARRATION DES AVENTURES DE DARSIE LATIMER.

— On suppose que la maison des Redgauntlet, dit Lilias, est depuis des siècles sous l'influence d'une sorte de fatalité qui a rendu inutiles leur courage, leur talent, leur ambition et leur habileté. Figurant souvent dans l'histoire, on les y voit toujours luttant contre vent et marée, se distinguant par les plus grands efforts de courage, montrant une constance et une persévérance à toute épreuve, mais sans que leur énergie et leur résolution puissent jamais les faire avancer d'un seul pas. On prétend expliquer cette fatalité par une légende que je pourrai vous raconter dans un moment où nous aurons plus de loisir.

Darsie lui dit qu'il avait déjà appris l'histoire tragique de sir Alberic Redgauntlet.

— Je n'ai donc besoin que de vous dire, continua

Lilias, que notre père et notre oncle partagèrent dans toute sa rigueur la malédiction qu'on dit attachée à notre famille. Ils possédaient l'un et l'autre des biens considérables; ceux de notre père s'augmentèrent encore par son mariage; et tous deux étaient dévoués au service de l'infortunée maison de Stuart. Cependant des considérations de famille, du moins à ce que notre mère supposait, auraient empêché son mari de prendre part ouvertement à l'insurrection de 1745, si l'influence qu'exerçait sur lui le caractère plus énergique de son frère cadet ne l'eût entraîné avec lui.

Quand la fin malheureuse de cette entreprise priva notre père de la vie et força notre oncle à s'exiler, lady Redgauntlet quitta le nord de l'Angleterre, décidée à rompre toute liaison avec la famille de son défunt mari, surtout avec son frère, dont elle regardait le fol enthousiasme politique comme ayant été la cause de la mort prématurée de son époux : vous, mon frère, vous étiez encore dans votre première enfance, et moi, notre mère venait de me donner le jour; elle voulut que nous fussions élevés dans des sentimens d'attachement pour la présente dynastie. Peut-être prit-elle cette détermination trop à la hâte; peut-être ses craintes la portèrent-elles trop facilement à vouloir cacher le lieu qu'elle avait choisi pour retraite, à un parent aussi proche que le frère de notre père. Mais vous devez l'excuser en songeant à ce qu'elle avait souffert. Voyez, mon frère, ajouta-t-elle en ôtant un de ses gants, ces cinq marques de sang sur mon bras sont un signe par lequel la nature mystérieuse a voulu imprimer sur l'enfant qui n'était pas encore né le souvenir de la mort violente de son père et des malheurs de sa mère.

— Vous n'étiez donc pas née lors de la mort de notre père? dit Darsie.

— Non, répondit Lilias, et vous n'aviez alors qu'un an. Il est d'autant moins étonnant que ma mère, après avoir survécu à de pareilles scènes d'angoisse, ait conçu les plus vives inquiétudes pour ses enfans, et surtout pour son fils, qu'elle savait que sir Henry, son mari, par un acte de dernière volonté, avait transmis la garde de la personne de ses enfans, et l'administration de tous les biens qui devaient leur appartenir un jour, indépendamment de ceux qui furent confisqués, à son frère Hugh, en qui il avait toujours eu une confiance sans bornes.

— Mais ma mère, dit Darsie, ne devait pas craindre qu'on regardât comme valide un acte fait en faveur d'un homme condamné comme coupable de haute trahison.

— Vous avez raison, répondit Lilias; mais notre oncle pouvait obtenir une amnistie comme tant d'autres, et notre mère, qui le craignait autant qu'elle le haïssait, vivait dans une terreur continuelle à ce sujet. Elle tremblait qu'on ne lui accordât sa grace, et qu'elle ne vît arriver celui qu'elle regardait comme l'auteur de la mort de son époux, armé de pouvoirs légaux pour réclamer l'exercice de ses droits, et arracher de ses bras ses enfans. Elle connaissait d'ailleurs l'esprit audacieux et opiniâtre de son beau-frère Hugh Redgauntlet, et elle était convaincue que, sans même qu'il eût obtenu sa grace, il ferait quelque tentative pour s'emparer de la personne des enfans de son frère.

D'une autre part, notre oncle, dont la fierté eût peut-être été satisfaite si lady Darsie Redgauntlet lui eût témoigné plus de confiance, fut révolté de ses soupçons. — Elle abusait indignement, disait-il, des circonstances malheureuses dans lesquelles il se trouvait, pour le priver du droit naturel qu'il avait de veiller sur les enfans de son frère, et de diriger leur éducation ; c'était à ses soins que les lois, la nature et la volonté de leur père les avaient confiés. Il fit le serment solennel de ne pas se soumettre à une telle injustice. Ses menaces, qu'on rapporta à notre mère, ne firent qu'augmenter ses craintes, et l'événement prouva qu'elles n'étaient que trop bien fondées.

Un jour que vous et moi, ayant alors deux ou trois ans, nous étions à jouer dans un verger clos, attenant à la maison qu'occupait ma mère dans le Devonshire, mon oncle escalada tout à coup la muraille avec plusieurs hommes ; je fus enlevée, et l'on me porta sur une barque préparée près de là. Ma mère courut à votre secours, et, comme elle vous tenait fortement serré dans ses bras, mon oncle, comme il me l'a dit depuis ce temps, ne pouvait vous arracher à elle sans employer des voies de violence contre la veuve de son frère, et il en était incapable. Les cris de ma mère commençant à attirer du monde, il se retira à la hâte, après avoir lancé sur elle et sur vous un de ces regards effrayans qu'on dit être un legs de sir Alberic Redgauntlet à tous ses descendans.

— J'ai quelque souvenir de la circonstance dont vous me parlez, dit Darsie, et c'est mon oncle lui-même, puisque M. Herries est mon oncle, qui me l'a rappelée il n'y a pas long-temps. Je puis maintenant m'expliquer la retraite dans laquelle vivait ma mère, les larmes qu'elle versait souvent, ses alarmes, sa mélancolie profonde. Pauvre mère! quelle vie cruelle elle a passé, et quelles doivent avoir été ses terreurs quand elle en a vu arriver le terme!

— Ce fut alors, reprit Lilias, qu'elle prit toutes les précautions qu'elle put imaginer pour cacher jusqu'à votre existence à l'homme qu'elle redoutait; — pour vous la cacher à vous-même; car bien des fois, dit-on, elle exprima ses craintes que le feu qui coule dans les veines de Redgauntlet ne vous portât à unir votre destinée à celle de votre oncle, qui, comme on ne l'ignorait pas, continuait ses intrigues politiques, quoique presque personne ne crût à leur succès. D'ailleurs il était possible qu'il obtînt sa grace comme tant d'autres, le gouvernement montrant d'année en année plus d'indulgence pour ce qui restait de jacobites; et alors il pouvait réclamer la garde de votre personne, comme votre tuteur légal. Or c'était, suivant elle, la route qui devait vous conduire à votre perte.

— Je suis surpris qu'elle ne m'ait pas mis sous la protection de la cour de chancellerie (1), dit Darsie, ou qu'elle ne m'ait pas confié aux soins de quelqu'un de ses parens assez puissant pour me protéger.

— Son mariage avec notre père l'avait presque brouillée avec sa famille, répondit Lilias; et elle avait plus de confiance dans les mesures secrètes qu'elle prenait pour vous dérober à notre oncle, qu'en toute la protection dont les lois auraient pu vous entourer. Peut-être ne prit-elle pas le meilleur parti; mais il était assez naturel qu'une mère, devenue irritable à force

(1) Le lord chancelier est considéré comme le tuteur légal des mineurs, dans ce sens surtout que son tribunal est une cour d'équité. — Éd.

d'infortunes et d'alarmes, agît de cette manière. Samuel Griffith, banquier respectable, et un digne ecclésiastique, mort depuis ce temps, furent, je crois, les seules personnes à qui elle confia l'exécution de ses dernières volontés ; mon oncle croit qu'elle exigea d'eux le serment de garder un profond mystère sur votre naissance et vos titres, jusqu'à ce que vous eussiez atteint l'âge de majorité, en vous élevant le plus secrètement possible.

— Et je ne doute pas, dit Darsie, que, grace à mon changement de nom et d'habitation, les précautions qu'on avait prises contre mon oncle n'eussent parfaitement réussi, sans l'accident, je ne sais si je dois dire heureux ou malheureux, qui me conduisit à Brokenburn, et qui me mit en contact avec M. Redgauntlet. Je vois aussi pourquoi on m'avait si fortement recommandé de ne pas aller en Angleterre, car...

— Ce n'était qu'en Angleterre, si je l'ai bien compris, dit Lilias, que mon oncle pouvait légalement demander et obtenir la garde de votre personne, dans le cas où une amnistie, par l'indulgence du gouvernement, lui aurait rendu ses droits civils, ou si quelque changement politique était survenu. En Écosse, où vous ne possédez aucuns biens, on assure qu'il aurait été possible de résister à son autorité, et de prendre des mesures pour vous mettre sous la protection des lois. Mais, je vous prie, Darsie, ne regardez pas comme un accident malheureux votre voyage à Brokenburn ; j'espère que les suites finiront par en être heureuses. Ne lui devons-nous pas déjà le plaisir d'être ensemble?

A ces mots, elle tendit la main à son frère, qui la serra cette fois avec tendresse. Il y eut quelques instants de silence; le frère et la sœur étaient pleins de ce sentiment si naturel d'affection que les circonstances ne leur avaient pas encore permis d'éprouver.

Enfin Darsie renoua la conversation. — Je suis honteux, ma chère Lilias, lui dit-il, de vous avoir laissé parler si long-temps d'affaires qui ne concernent que moi, tandis que je ne connais encore rien de votre histoire, et que j'ignore dans quelle situation vous vous trouvez.

— Mon histoire n'est pas très-intéressante, et ma situation n'est ni très-sûre, ni très-agréable, répondit Lilias; mais à présent, mon cher frère, je jouis d'un avantage inestimable, puisque je suis soutenue par votre affection; et, si j'étais sûre que nous puissions résister à la crise qui se prépare, je n'aurais guère de craintes pour l'avenir.

— Apprenez-moi donc quelle est notre situation présente, et comptez sur tous mes efforts pour votre défense comme pour la mienne. Pour quelle raison mon oncle peut-il désirer de me retenir prisonnier? Si ce n'est que par esprit d'opposition aux volontés de ma mère, il y a long-temps qu'elle n'existe plus, et je ne vois pas pourquoi il prend tant de peines et s'expose à tant de risques pour gêner ainsi les mouvemens d'un jeune homme à qui quelques mois de plus donneront le droit d'agir comme bon lui semblera, sans qu'il ait celui de s'y opposer.

— Mon cher Arthur, car ce nom est le vôtre aussi bien que celui de Darsie, un des principaux traits du caractère de mon oncle est d'avoir constamment employé tous les ressorts d'une ame énergique pour le service de la maison exilée de Stuart. La mort de son frère et la confiscation de ses propres biens n'ont fait qu'ajouter une haine profonde et presque personnelle contre la famille maintenant en possession du trône, à son zèle héréditaire pour celle qui en a été privée. En un mot, c'est un enthousiaste politique de l'espèce la plus dangereuse, et il s'avance dans l'exécution de ses projets aussi hardiment que s'il était l'Atlas capable de soutenir le monde ébranlé.

— Et comment se fait-il que vous, ma chère Lilias, élevée sans doute sous ses auspices, vous ayez appris à envisager les choses sous un point de vue différent?

— Par un hasard bien singulier, et dans le couvent même où mon oncle m'avait placée. Quoique l'abbesse fût une femme exactement suivant son cœur, mon éducation, comme pensionnaire, fut confiée, en grande partie, à une vieille religieuse, excellente femme, qui avait adopté les principes des jansénistes, avec peut-être plus de tendance encore à la doctrine des réformés qu'à celle de Port-Royal. Le mystère avec lequel elle m'inculquait ces idées ne leur donnait que plus de charmes pour ma jeune imagination, et je les embrassai d'autant plus volontiers qu'elles étaient en opposition directe avec les leçons de l'abbesse, que je n'aimais pas à cause de sa sévérité; j'éprouvais même, comme cela est naturel à un jeune élève, un vrai plaisir à braver ainsi l'autorité de ses préceptes, et à contredire en secret tout ce que j'étais obligée d'écouter en public avec respect. La liberté des opinions religieuses amène je crois celle des sentimens politiques; car dès que j'eus renoncé à la croyance de l'infaillibilité du pape, je commençai à douter de la doctrine des droits héréditaires et imprescriptibles. En un mot, quelque étrange que cela puisse paraître, je sortis d'un couvent de Paris, Whig et protestante au fond du cœur, et aussi disposée à professer ouvertement mes sentimens, que si j'avais été élevée, comme vous, au son tout presbytérien du carillon de Saint-Giles (1).

— Et peut-être davantage, répliqua Darsie, car plus on est près de l'Église... Mais ce proverbe a vieilli. Et comment vos opinions se sont-elles accordées avec les préventions contraires de mon oncle?

— Elles se seraient mal accordées si j'avais laissé paraître ma façon de penser; mais, comme c'eût été m'exposer à des reproches, à des querelles sans fin, et peut-être à quelque chose de pire, j'ai eu grand soin de garder mon secret; de sorte que quelques reproches de froideur et de manque de zèle pour la bonne cause sont tous les désagrémens que j'ai eus à essuyer, et c'en était bien assez.

— Je loue votre prudence, ma sœur.

— Vous avez raison, répondit Lilias; mais j'eus de telles preuves du caractère déterminé de mon oncle, avant d'avoir passé avec lui une semaine, que j'appris quel risque je courais si je m'avisais de le contrarier. Je vais vous raconter cette anecdote, car elle vous apprendra mieux à connaître son caractère romanesque et résolu que tout ce que je pourrais vous dire de son enthousiasme et de sa témérité.

— Après avoir passé bien des années au couvent, je fus placée chez une vieille dame écossaise de haut rang, fille d'un infortuné dont la tête avait figuré, en 1715,

(1) Vieille église cathédrale d'Édimbourg. — Éd.

au haut de Temple-Bar (1). Elle subsistait à l'aide d'une petite pension que la cour de France lui avait accordée, et de quelques secours que les Stuarts lui faisaient passer de temps en temps. Elle n'était ni méchante ni avare ; elle ne me battait ni ne me faisait jeûner ; mais elle était si gonflée de l'orgueil de son rang, si enchaînée par ses préjugés, si ennuyeuse par ses profondes connaissances en généalogie, si exaspérée contre l'Angleterre dans ses opinions politiques, la pauvre dame ! que j'aurais été quelquefois disposée à penser que c'était dommage que les Hanovriens, qui, comme elle me le disait tous les jours, avaient assassiné son pauvre père, eussent laissé sa pauvre chère fille sur la terre des vivans.

Je fus donc enchantée quand mon oncle arriva tout à coup pour m'annoncer son dessein de m'emmener en Angleterre. La joie extravagante que j'éprouvais en quittant lady Rachel Rougedragon se modéra un peu en voyant l'air sombre, le port hautain et le ton impérieux de mon plus proche parent. Néanmoins il s'entretint avec moi pendant le voyage plus qu'on ne devait l'attendre de son caractère habituellement taciturne, et son but parut être de me sonder, et surtout de voir si j'avais quelque courage. Je ne suis qu'une Redgauntlet domptée ; mais pourtant j'ai encore assez de l'esprit de la famille pour être en état de faire face au danger avec autant de fermeté que qui que ce soit de mon sexe. Deux occasions d'en donner des preuves se présentèrent pendant notre voyage : des bandits nous menacèrent d'une attaque, et notre voiture versa. — J'eus la bonne for-

---

(1) Les têtes des *traîtres* étaient exposées sur cette antique porte de la cité. — Éd.

tune, dans ces deux circonstances, de me conduire de manière à donner à mon oncle une idée très-favorable de mon intrépidité. Ce fut sans doute ce qui l'encouragea à mettre à exécution un projet singulier qui l'occupait alors.

Avant d'arriver à Londres, nous changeâmes plusieurs fois de voiture et de route; et en approchant de cette ville, de même qu'un lièvre qui multiplie ses ruses quand il approche du gîte qu'il a choisi; et qui, lorsqu'il y arrive, s'élance du plus loin qu'il peut, nous fîmes une marche forcée, et nous descendîmes dans un logement obscur, situé dans le quartier de Westminster, à peu de distance de l'abbaye.

Dans la matinée du jour qui suivit notre arrivée, mon oncle sortit, et il fut absent quelques heures. Pendant son absence, je n'eus d'autre amusement que d'écouter le tumulte confus qui régnait dans tous les environs. J'avais toujours cru que Paris était la capitale la plus bruyante de l'univers; mais en ce moment Paris, comparé à Londres, n'était plus que la ville du silence. Le canon tonnait de loin et de près; le roulement du tambour, le son des trompettes, le bruit des instrumens militaires de toute espèce, perçaient les airs presque sans interruption. Pour que rien ne manquât au concert, les cloches étaient en branle dans cent clochers. Les acclamations d'une multitude immense se faisaient entendre de temps en temps, comme les mugissemens de l'océan; et tout cela, sans que je pusse me former la moindre idée de ce qui se passait, car les fenêtres de notre appartement donnaient sur une cour située derrière la maison, et qui était complètement déserte. Ma curiosité devint extrême, car je fus convaincue qu'il ne fallait rien moins que quelque grande fête pour occasioner un pareil bruit.

Mon oncle revint enfin, et il était accompagné d'un homme dont l'extérieur était repoussant. Je n'ai pas besoin de vous en faire la description, car... ne tournez pas la tête ! il est derrière nous en ce moment. —

— Cet homme respectable était sans doute M. Cristal Nixon, dit Darsie.

— Lui-même, répondit Lilias ; mais ne faites aucun geste qui puisse lui faire soupçonner que nous parlons de lui.

Darsie lui fit un signe des yeux pour lui indiquer qu'il la comprenait, et elle continua son récit.

— Ils étaient tous deux en grand costume, et mon oncle recevant un papier des mains de Nixon, me le remit en me disant : — Lilias, j'arrive pour vous conduire à une grande cérémonie. Couvrez-vous le plus promptement possible des vêtemens que vous trouverez dans ce paquet, et préparez-vous à me suivre.

Je passai dans mon appartement, mourant de curiosité ; j'ouvris le paquet, j'y trouvai un habillement de femme, splendide et élégant, mais dont la coupe me parut un peu antique. Je pensais que ce pouvait être la mode d'Angleterre ; et m'étant habillée à la hâte, j'allai rejoindre mon oncle.

Il me considéra avec beaucoup d'attention. — Elle pourra passer pour une des jeunes filles chargées de jeter les fleurs, dit-il à Nixon, qui ne lui répondit que par un mouvement de tête affirmatif.

Nous sortîmes tous trois ensemble, et ils connaissaient si bien les allées, les cours et les passages, que, malgré la multitude qui remplissait les grandes rues, et dont les cris s'élevaient jusqu'au ciel, nous semblions traverser un désert. Le petit nombre de passans que nous y rencontrions, fatigués sans doute de tout ce qu'ils avaient déjà vu, nous honoraient à peine d'un coup d'œil, quoique, en tout autre temps et dans un pareil quartier, nous n'eussions pas manqué d'attirer sur nous bien des regards importuns. Nous traversâmes enfin une rue très-large, bordée par des soldats en faction, tandis que d'autres se reposant après avoir fait la leur, buvaient, mangeaient, fumaient ou dormaient autour de leurs armes rangées en faisceaux.

— Un jour viendra, Nixon, dit mon oncle à voix basse, où nous apprendrons à ces beaux messieurs à habits rouges à se tenir sous les armes avec plus de soin !

— Où... tant pis pour eux s'ils n'en font rien, répondit Nixon d'une voix aussi désagréable que sa physionomie.

Nous traversâmes la rue sans que personne nous arrêtât ou nous fît une seule question, et Nixon frappa trois coups à la petite porte de derrière d'un immense et antique bâtiment qui était devant nous. Elle s'ouvrit, et nous entrâmes sans que je visse qui nous l'avait ouverte. Nous suivîmes quelques corridors obscurs et étroits, et nous arrivâmes dans une grande salle gothique, dont il me serait impossible de vous décrire la magnificence.

Elle était éclairée par dix mille bougies dont l'éclat m'éblouit d'abord, en sortant de l'obscurité qui régnait dans les avenues que nous venions de parcourir avant d'y entrer. Mais, quand ma vue commença à s'affermir, — comment vous faire la description du spectacle qui s'offrit à moi? Autour de deux longues rangées de tables étaient les princes et les nobles du pays portant leur costume d'apparat; les grands officiers de la couronne, distingués par les signes officiels de leurs fonctions; de révérends prélats et de graves juges, remplissant les premières places dans l'Église et dans la magistrature, et portant des vêtemens plus sombres, mais non moins imposans; enfin une foule d'autres personnages dont la mise antique et singulière annonçait le rang élevé, quoique je ne pusse deviner qui ils étaient.

— Alors la vérité se fit jour tout à coup dans mon esprit, et ce que j'entendais dire à mes côtés m'assura que je ne me trompais pas : c'était la fête du couronnement. Derrière une table placée à l'extrémité de la salle, et élevée au-dessus des autres, on voyait sur un trône le jeune souverain lui-même, qui, entouré des princes de son sang et des grands dignitaires de son royaume, recevait les hommages de ses sujets; des hérauts et des poursuivans d'armes revêtus de leurs costumes splendides et bizarres, des pages d'honneur portant la livrée des siècles passés, étaient debout derrière la table du banquet royal. Dans les galeries de cette vaste salle brillait tout ce que ma jeune imagination pouvait concevoir de plus riche en parure ou de plus séduisant en beauté; les diamans, les joyaux et les atours pompeux formaient les moindres ornemens des dames, qui, toutes attentives, formaient elles-mêmes un spectacle non moins attrayant que celui qu'elles admiraient.

— Sous ces galeries, et derrière les tables rangées des deux côtés, on voyait une multitude de gentilshommes vêtus en habit de cour, mais dont le costume, quoique assez riche pour paraître au lever d'un roi, ne pouvait attirer l'attention sur eux, au milieu d'une scène aussi splendide que celle qu'on avait sous les yeux. Nous errâmes parmi eux pendant quelques minutes sans qu'on nous distinguât, sans qu'on songeât à nous regarder. Je remarquai plusieurs jeunes personnes vêtues comme moi, et par conséquent la singularité de mes habillemens ne me causa aucun embarras. Appuyée sur le bras de mon oncle, je jouissais de la splendeur magique de ce spectacle; et je me félicitais de la bonté qu'il avait eue de me procurer un tel plaisir.

— Peu à peu je m'aperçus que mon oncle avait des connaissances parmi ceux qui étaient sous les galeries, et qui, comme nous, paraissaient simples spectateurs de cette cérémonie. Ils se reconnaissaient par un seul mot, par un serrement de main, quelquefois par un signe. Incessamment ils formèrent un petit groupe au centre duquel nous nous trouvâmes placés.

— N'est-ce pas un superbe spectacle, Lilias? me dit alors mon oncle. Vous voyez rassemblé ici tout ce que la Grande-Bretagne renferme de plus riche, de plus noble et de plus renommé dans les sciences.

— C'est vraiment, lui répondis-je, tout ce que mon esprit aurait pu concevoir de puissance et de splendeur royale.

— Jeune fille, me dit-il à voix basse, — et la voix basse de mon oncle est quelquefois aussi terrible que sa voix de tonnerre, — oui, tout ce qu'il y a de noble et de grand dans ce beau pays est rassemblé ici, mais c'est pour se prosterner en flatteurs et en esclaves devant le trône d'un usurpateur.

— Pour l'amour du ciel! mon oncle, lui dis-je à demi-voix, songez où nous sommes.

— Ne craignez rien, me répondit-il, nous sommes entourés d'amis. — Et, en parlant ainsi, ses membres tremblaient d'une agitation qu'il cherchait en vain à réprimer. Voyez, ajouta-t-il; voilà Norfolk qui fléchit le genou; Norfolk renégat de la foi catholique. Voilà ensuite l'évêque de... traître à l'Église d'Angleterre... et... comble de la honte!... voilà le grand et fier Erol qui courbe la tête devant le petit-fils du meurtrier de son père... Mais un signe paraîtra ce soir au milieu d'eux... les mots *Mene*, *Tekel*, *Upharsin*, qu'une main miraculeuse traça sur les murs de la salle de festin de Balthasar, frapperont ici tous les regards.

— Au nom du ciel! mon oncle, lui dis-je sérieusement alarmée, est-il possible que vous projetiez quelque acte de violence?

— Je n'en ai nul dessein, jeune folle, me répondit-il, et il ne peut arriver aucun accident, pourvu que vous montriez le courage dont vous vous vantez, et que vous obéissiez exactement à mes ordres. Mais il faut agir avec sang-froid et promptitude : la vie de cent braves gens en dépend.

— Et que puis-je faire? hélas! lui demandai-je avec un accent de terreur.

— Exécuter mes ordres avec la rapidité de l'éclair, me dit-il : il ne s'agit que de jeter ce gant. Tenez, prenez-le, cachez-le avec la queue de votre robe. Soyez calme, ferme et prête à agir; ou sinon, à tous risques, j'irai le jeter moi-même.

— S'il ne s'agit d'aucun acte de violence... lui dis-je

en prenant machinalement le gantelet de fer qu'il m'offrait.

— Je ne concevais pas trop quelle était son intention; mais dans l'exaltation d'esprit où je le voyais, j'étais convaincue que ma désobéissance occasionerait quelque scène terrible. La crise même du moment m'inspira une présence d'esprit soudaine, et je résolus de faire tout ce qui pourrait prévenir un acte de violence, et peut-être l'effusion du sang.

— Je ne fus pas long-temps dans l'iucertitude. Le son des trompettes, la voix des hérauts d'armes, le bruit des chevaux, se firent entendre tout à coup, et un champion armé de toutes pièces, semblable à ceux dont j'avais lu la description dans les romans de chevalerie, suivi d'écuyers, de pages, et de tout le cortège ordinaire, s'avança, monté sur un cheval barbe. Le cartel qu'il proposait à quiconque oserait nier les droits du nouveau souverain au trône fut prononcé à haute voix une première et une seconde fois.

— Partez à la troisième, me dit mon oncle, ramassez le gage de ce fanfaron, et laissez le mien en place.

— Je ne voyais pas trop comment je pourrais le faire; car nous étions entourés de toutes parts; mais dès que les trompettes sonnèrent pour la troisième fois, un chemin s'ouvrit entre le champion et moi, comme si l'ordre en eût été donné, et mon oncle me dit à l'oreille :

— Maintenant, Lilias, maintenant.

— D'un pas agile, mais ferme, et avec une hardiesse dont je n'ai jamais pu me rendre compte, j'exécutai ma mission périlleuse. A peine me vit-on, je crois, échanger les gages du combat; et en un instant je me retirai.

— Noblement agi, ma fille! me dit mon oncle dès que

j'arrivai près de lui, tandis que le groupe qui nous environnait se resserrait autour de nous, et nous dérobait aux regards. Couvrez notre retraite, messieurs, dit-il alors à ceux qui étaient près de lui.

— On nous livra passage pour que nous pussions avancer vers la muraille, qui sembla s'ouvrir pour nous laisser passer; et nous nous retrouvâmes dans ces corridors obscurs que nous avions traversés déjà. Mon oncle s'arrêta un instant dans une petite antichambre, m'enveloppa d'une mante qui s'y trouvait; et passant au milieu des gardes, par le même labyrinthe de passages et de petites rues désertes, nous regagnâmes notre logement sans qu'on eût fait la moindre attention à nous.

— J'avais souvent entendu raconter, dit Darsie, qu'une femme, qu'on supposait un homme déguisé, — or votre extérieur n'a rien de bien masculin, Lilias, — avait relevé le gant du champion au couronnement du roi actuel, et en avait laissé un autre en place, avec un écrit contenant une offre d'accepter le combat à outrance, moyennant un sauf-conduit. J'avais toujours regardé cette anecdote comme un conte. J'étais bien loin de m'imaginer combien les acteurs de cette scène audacieuse me touchaient de près. Comment avez-vous pu avoir le courage de figurer dans une telle scène (1)?

— Si j'avais eu le temps de la réflexion, répondit Lilias, je m'y serais refusée, autant par principe que par timidité; mais, comme tant de gens dont on vante les traits de bravoure, j'allai en avant, parce que je

---

(1) Sir Walter Scott, qui assista au couronnement de Georges IV, en fit la relation détaillée dans un long article de journal. — Éd.

n'eus pas le loisir de songer à battre en retraite. L'affaire fit peu de bruit, et l'on assure que le roi donna ordre que l'on ne fît aucune recherche à ce sujet, par prudence et par humanité, sans doute, quoique mon oncle attribue la modération de l'électeur d'Hanovre, comme il appelle le roi, tantôt à la pusillanimité, tantôt à un mépris présomptueux pour la faction qui refuse de le reconnaître.

— Et l'enthousiasme fanatique de notre oncle vous a-t-il exposée à d'autres périls? demanda Darsie.

— A aucun du même genre, répondit Lilias, mais je l'ai vu se livrer à de bien étranges manœuvres, qui semblent inspirées par le désespoir, pour tenter de réveiller le courage de son parti abattu, en dépit de tous les obstacles et au mépris de tous les dangers. J'ai traversé avec lui toute l'Angleterre et toute l'Écosse, et j'ai vu les scènes les plus extraordinaires et les plus opposées, tantôt logeant dans les châteaux des nobles orgueilleux du comté de Chester et du pays de Galles, où ces aristocrates solitaires, nourrissant des principes aussi antiques que leurs manières et leurs demeures, conservent encore leurs opinions jacobites, et peut-être la semaine d'après vivant avec de misérables contrebandiers ou des bandits montagnards. J'ai vu mon oncle jouer tour à tour le rôle d'un héros et celui d'un conspirateur vulgaire, et prendre toutes les formes, avec une singulière souplesse, pour gagner des prosélytes à à sa cause.

— Et je présume que dans le moment actuel, dit Darsie, il ne trouve pas sa tâche très-facile.

— Si difficile en effet, répondit Lilias, que je crois que, dégoûté par le refus de plusieurs de ses amis, d'entrer dans ses vues, et par la froideur d'un grand nombre d'autres, il a été plusieurs fois sur le point de renoncer à son entreprise. Combien de fois je l'ai vu montrer un front ouvert, affecter un air riant, prendre part aux divertissemens de ses égaux, et même à ceux de ses inférieurs, pour acquérir un moment de popularité, quand il brûlait de déclamer contre ce qu'il appelle la dégénération du siècle, le défaut d'activité des hommes de son âge, le manque de zèle de la génération naissante! Après une journée entière d'exercice pénible, il passe la nuit à se promener dans sa chambre solitaire, déplorant la chute de sa cause, et regrettant de n'avoir pas rencontré dans son chemin la balle de Dundee ou la hache de Balmerino (1).

— Étrange illusion! s'écria Darsie; n'est-il pas étonnant qu'il ne cède pas à la force de la réalité!

— Ah! dit Lilias, c'est que, depuis quelque temps, la réalité a semblé ranimer ses espérances. Le mécontentement général occasioné par la paix, la défaveur générale avec laquelle on juge un ministère dépopularisé, s'étendant même jusqu'à la personne de son maître, les diverses émeutes qui ont troublé la tranquillité de la capitale, l'état de tiédeur et de dégoût dans lequel toute la nation paraît plongée, ont soudain ranimé l'espoir expirant des jacobites. C'est, graces à lui, que bien des gens, tant à la cour de Rome qu'à celle du Prétendant, si l'on peut donner ce nom au petit cercle qui l'entoure, ont prêté une oreille plus favorable qu'ils ne l'avaient fait jusqu'ici aux insinuations de ceux qui,

(1) Dundee, mort pour les Stuarts au champ de bataille (Killicrankie); Balmerino, exécuté comme traître et rebelle, à la Tour de Londres, en 1745. — Éd.

comme mon oncle, se livrent à l'espérance quand ils sont les seuls qui en conservent. Je crois même qu'ils méditent en ce moment quelque dernier effort. Mon oncle, depuis peu, a fait tout au monde pour se concilier l'affection de ce qu'on pourrait appeler les peuplades sauvages qui habitent les bords du Solway, sur lesquelles notre famille avait des droits seigneuriaux avant la confiscation de ses biens, et parmi lesquelles son crédit et celui de notre malheureux père levèrent, en 1745, un corps de troupes assez considérable. Cependant ils ne sont pas très-disposés à obéir à ses ordres, et entre autres motifs de refus, ils allèguent votre absence, disant que c'est vous qui êtes leur chef naturel, Le désir qu'il avait de s'emparer de votre personne en a pris une nouvelle force, et il espère pouvoir obtenir assez d'influence sur vous pour vous déterminer à le seconder dans ses projets.

— C'est à quoi il ne réussira jamais, répondit Darsie : mes principes et ma prudence sont d'accord pour m'interdire une telle démarche ; d'ailleurs elle serait complètement inutile. Quels que soient les prétextes que ces gens allèguent pour se soustraire aux importunités de notre oncle, ils ne peuvent, à l'époque actuelle, songer à se courber de nouveau sous le joug de la féodalité, dont ils ont été délivrés par la loi qui, en 1748, a aboli le vasselage et les juridictions héréditaires.

— Mais mon oncle regarde cette loi comme l'acte d'un gouvernement usurpateur.

— Il est assez naturel qu'il la regarde ainsi, car elle lui fait perdre des droits dont il était investi ; mais la question est de savoir ce qu'en penseront des vassaux qui ont joui de leur liberté depuis tant d'années. Au surplus, pour trancher dans le vif, si je n'avais besoin que de lever un doigt pour faire prendre les armes à cinq cents hommes, ce doigt ne se lèverait pas pour une cause que je désapprouve; et c'est sur quoi mon oncle peut compter (1).

— Mais vous pouvez temporiser, dit Lilias, sur qui l'idée du mécontentement de son oncle faisait évidemment impression. Vous pouvez temporiser et laisser ce projet avorter tout naturellement, comme le font la plupart des gentilshommes de ces environs; car il est bien étrange qu'il ne s'en trouve qu'un très-petit nombre qui osent s'opposer directement aux projets de mon oncle. Je vous conjure de vous abstenir de le contrarier ouvertement: vous, chef de la famille de Redgauntlet, vous déclarer tout haut contre la maison de Stuart, ce serait lui briser le cœur et le pousser à quelque acte de désespoir.

— Fort bien, Lilias; mais vous oubliez que, par suite d'un tel acte de complaisance, la maison de Redgauntlet et moi, nous pourrions perdre notre chef en même temps.

— Hélas, Darsie! il n'est que trop vrai, je perdais de vue ce danger. Je me suis familiarisée avec les intrigues périlleuses; de même qu'on dit que ceux qui gardent les malades dans un hôpital de pestiférés s'accoutument à l'air qui les entoure, au point d'oublier qu'il peut leur nuire à eux-mêmes.

— Et cependant je ne serais pas fâché de me débar-

(1) On croirait volontiers que sir Walter Scott a eu l'intention de se justifier du reproche qu'on lui a adressé d'être plus *Stuartiste* que de raison dans ses romans. (Voyez la notice et un article à ce sujet dans la *Revue d'Édimbourg*, vol. XXX.) — Éd.

rasser de lui sans en venir à une rupture ouverte. Dites-moi, Lilias, croyez-vous possible qu'il ait en vue une tentative très-prochaine?

—Pour vous dire la vérité, mon frère, il m'est difficile d'en douter. Il y a eu depuis peu beaucoup de mouvement parmi les jacobites de ces cantons. Comme je vous l'ai déjà dit, des circonstances qui n'ont aucun rapport à leur position ont fait renaître leurs espérances. Immédiatement avant votre arrivée à Brokenburn, mon oncle paraissait plus animé que jamais du désir de vous découvrir. Il parlait de la nécessité de faire promptement une levée d'hommes, et de l'influence qu'aurait votre nom. Ce fut à cette époque qu'il vous vit pour la première fois. Il conçut le soupçon que vous pouviez être le jeune homme qu'il cherchait; et ce soupçon fut fortifié par les lettres que ce misérable Nixon eut l'impudence de prendre dans votre portefeuille. Cependant une méprise aurait pu occasioner un fâcheux éclat, et mon oncle courut en poste à Édimbourg afin d'éclaircir ses soupçons. Il eut l'adresse de tirer du vieux M. Fairford des renseignemens qui ne lui laissèrent aucun doute que vous ne fussiez son neveu; et, pendant ce temps, je m'efforçai, par quelques démarches personnelles, peut-être un peu trop hardies, de vous mettre sur vos gardes, par l'entremise de votre jeune ami, M. Fairford.

—Et sans succès, dit Darsie, rougissant sous son masque de la fausse interprétation qu'il avait donnée aux sentimens qui animaient sa sœur.

—Je ne m'étonne pas que mes avis aient été inutiles, reprit Lilias; le destin le voulait ainsi. D'ailleurs il vous aurait été difficile d'échapper. A Shepherd's Bush et à

Mont-Sharon, tous vos pas étaient suivis par un espion qui ne vous perdait presque pas de vue.

— Ce petit misérable Benjie! s'écria Darsie, si jamais je rencontre ce petit coquin!...

— C'était lui qui informait constamment Cristal Nixon de tous vos mouvemens.

— Cristal Nixon! Je lui dois aussi quelques gages; car je me trompe fort si ce n'est pas lui qui me renversa rudement lorsque je fus fait prisonnier sur les bords du Solway.

— Cela est assez probable, Darsie: il n'y a pas d'acte de scélératesse dont son cœur et son bras ne soient capables. Mon oncle fut très-courroucé quand il vous vit dans cet état : quoiqu'il n'eût préparé cette scène tumultueuse que pour trouver l'occasion de vous enlever au milieu de la confusion, et en même temps pour mettre ces pêcheurs en état de rébellion contre les lois, sa dernière pensée eût été qu'il vous en coûtât un seul cheveu de la tête. Mais Nixon s'est insinué dans tous les secrets de mon oncle, et il en a de si terribles et de si dangereux, que quoiqu'il y ait peu de choses qu'il ne pût tenter, je doute qu'il osât se faire une querelle avec ce scélérat... Ah! cependant ce que je pourrais dire de Cristal mettrait mon oncle dans une fureur à lui passer son sabre au travers du corps.

— Et qu'est-ce donc? s'écria Darsie; j'ai un désir tout particulier de le savoir.

— Ce coquin brutal... répondit Lilias... ce misérable dont le cœur et la figure font également honte à la nature humaine, a eu l'audace de parler à la nièce de son maître comme à une femme à la main de qui il lui était permis d'aspirer ; et lorsque je fixai sur lui des yeux qui exprimaient le mépris et le courroux, il murmura quelques mots qui semblaient annoncer qu'il tenait en main la destinée de notre famille.

—Je vous remercie, Lilias! s'écria vivement Darsie; je vous remercie de ce que vous venez de m'apprendre. Comme chrétien, je me reprochais l'envie inexprimable que j'ai toujours eue, dès le premier instant que j'ai vu ce coquin, de lui envoyer une balle dans la tête. Vous venez non-seulement de m'expliquer la cause de ce désir louable, mais même de le justifier... Et comment mon oncle, avec l'esprit droit que vous lui supposez, ne lit-il pas dans le cœur de ce misérable?

—Je pense qu'il le regarde comme capable de tout; qu'il n'ignore pas qu'il est égoïste, brutal et cruel : mais il lui croit les qualités nécessaires à un conspirateur, un courage sans bornes, un sang-froid imperturbable, une adresse sans égale, une fidélité inviolable. A ce dernier égard, il peut se tromper, car j'ai entendu reprocher à Nixon la manière dont notre pauvre père fut pris après la bataille de Culloden.

—C'est une nouvelle raison pour justifier mon aversion d'instinct. Mais je me tiendrai en garde contre lui.

—Voyez comme il nous observe! dit Lilias..... Voilà l'effet de la conscience! il se doute que nous parlons de lui, quoiqu'il ne puisse avoir entendu un seul mot de ce que nous avons dit.

Il sembla que Lilias avait deviné juste, car Cristal Nixon vint les joindre en ce moment, et il leur dit avec une affectation de gaieté qui convenait mal à ses traits farouches:—Allons, mesdemoiselles, vous avez eu tout le temps de jaser ce matin, et vos langues doivent être fatiguées, à ce que je pense. Nous allons traverser un village, et il faut que vous vous sépariez. — Miss Lilias, ayez la bonté de rester un peu en arrière ; — et vous, miss, mistress, ou monsieur, comme cela vous fera plaisir, marchez en avant avec moi.

Lilias arrêta son cheval sans lui répondre, mais en jetant sur son frère un regard expressif qui lui recommandait la prudence. Il lui répondit par un autre qui indiquait qu'il la comprenait.

CHAPITRE XIX.

CONTINUATION DES AVENTURES DE DARSIE LATIMER.

Abandonné à ses méditations solitaires, Darsie, car nous continuerons à donner à sir Arthur Darsie Redgauntlet le nom auquel nos lecteurs sont habitués, s'étonnait non-seulement du changement qui venait de s'opérer dans sa situation, mais encore de l'égalité d'ame avec laquelle il se sentait disposé à envisager toutes ces vicissitudes.

Son amour, qui avait disparu comme un rêve du matin, n'avait laissé qu'un sentiment pénible de honte, et des projets de circonspection pour l'avenir. Il n'était plus un jeune homme errant, inconnu, aimé seulement des étrangers près desquels il avait passé sa jeunesse; mais il se voyait devenu le chef d'une noble famille, un homme dont on semblait croire que la décision pourrait exercer une influence favorable ou contraire sur des événemens d'importance. Cependant, malgré la légèreté qui entrait dans le caractère de Darsie, il se sentait en état de contempler, sans autre orgueil que quelques légers sentimens de vanité, l'élévation soudaine qu'il venait d'atteindre; élévation qui faisait plus que réaliser les désirs qu'il n'avait cessé de former depuis qu'il avait pu se connaître.

Il est vrai qu'il se trouvait dans sa situation actuelle quelques circonstances qui contrebalançaient ces grands avantages. L'idée qu'il était prisonnier entre les mains d'un homme aussi déterminé que son oncle était une considération peu agréable, quand il réfléchissait sur la manière dont il pourrait résister à ses ordres, et refuser de prendre part avec lui à l'entreprise périlleuse qu'il paraissait méditer. Il ne pouvait douter que cet oncle, proscrit lui-même par le gouvernement, et doué d'un caractère intrépide, ne fût entouré de gens capables de tout oser, et qu'il ne se laissât arrêter par aucune considération personnelle. Jusqu'à quel point pourrait-il porter la violence contre le fils de son frère, et comment se croirait-il en droit de punir le refus que ferait ce neveu d'embrasser le parti des jacobites? C'étaient des questions dont la solution dépendait entièrement de la conscience de Redgauntlet; et qui peut répondre de la conscience d'un enthousiaste exagéré qui regarde toute opposition à la cause qu'il a épousée comme une trahison contre son pays? Après un intervalle de quelques minutes, il plut à Cristal Nixon de jeter quelque jour sur le sujet des réflexions de Darsie.

Tandis que ce sombre satellite se tenait sans cérémonie à côté du neveu de son maître, Darsie avait peine à contenir une vive indignation, tant il lui était difficile d'endurer sa présence, depuis que le récit de Lilias avait encore ajouté à la haine qu'une sorte d'instinct lui avait inspirée contre cet homme ; aussi sa voix lui parut ressembler au cri d'un hibou, quand Nixon lui adressa la parole.

— Ainsi donc, mon jeune coq du nord, lui dit-il, vous savez tout à présent, et sans doute vous bénissez votre oncle de vous avoir mis en bon chemin pour agir honorablement ?

— J'informerai mon oncle de mes sentimens à cet égard, avant d'en faire part à aucun autre, répondit Darsie, à peine assez maître de lui-même pour forcer sa langue à prononcer ce peu de mots d'un ton civil.

— Oh ! oh ! dit Cristal entre ses dents, discret comme la cire d'un cachet, à ce que je vois, et probablement moins flexible. — Prenez-y garde, mon beau jeune homme, ajouta-t-il d'un air méprisant, Redgauntlet sait comment s'y prendre pour dompter un poulain fougueux. Il n'épargnera ni le fouet ni l'éperon, je vous en réponds.

— Je vous ai déjà dit, M. Nixon, répondit Darsie, que je parlerai des affaires dont ma sœur vient de m'entretenir avec mon oncle lui-même. Je n'ai de compte à rendre à ce sujet à aucune autre personne.

— Fort bien mon jeune maître, répliqua Cristal ; mais un mot d'avis amical ne vous nuirait pas. Le vieux Redgauntlet est plus fort du bras que de la langue ; il est en état de mordre avant d'aboyer. Il est homme à donner un avis à la Scarboroug (1) ; à terrasser d'abord son antagoniste, et à lui dire ensuite de se défendre. Il me semble donc qu'il ne serait pas inutile de vous in-

(1) A frapper avant la menace ; expression proverbiale — Éd.

former des conséquences d'une querelle avec lui, pour que vous ne vous y exposiez pas sans les connaître.

— Si l'avis que vous voulez me donner, M. Nixon, est réellement amical, répondit le jeune homme, je l'écouterai avec plaisir, et, dans tous les cas, il faut bien que je l'écoute, puisque je n'ai le choix en ce moment ni de la compagnie, ni du sujet de la conversation.

— Ma foi! j'ai peu de choses à vous dire, dit Nixon, affectant de donner à son ton bourru une apparence d'honnête franchise; je ne me soucie pas plus qu'un autre de perdre mes paroles. Voulez-vous vous joindre à votre oncle, du cœur et du bras, ou ne voulez-vous pas? voilà la question.

— Et si je réponds oui? dit Darsie, déterminé à lui cacher sa résolution autant que possible.

— En ce cas, dit Nixon, paraissant un peu surpris d'une réponse si prompte, tout ira parfaitement. Vous prendrez part à cette noble entreprise; et, quand elle aura réussi, vous changerez peut-être votre heaume contre une couronne de comte.

— Et si elle ne réussit pas?

— Il en sera ce qu'il en sera. Tous ceux qui jouent à la boule ne gagnent pas toujours.

— Mais, comme j'ai une espèce de sotte affection pour ma vie, en supposant que, lorsque mon oncle me proposera cette aventure, je lui réponde non, qu'en arrivera-t-il, M. Nixon?

— Alors, mon jeune maître, je vous conseillerais de prendre garde à vous. Les lois sont sévères en France contre les pupilles réfractaires. On y obtient aisément une lettre de cachet, lorsque des hommes comme nous ont intérêt de la demander.

— Mais nous ne sommes pas en France! s'écria le pauvre Darsie, dont le sang se glaça dans les veines à l'idée d'une prison française.

— Un lougre bon voilier vous y aura bientôt transporté, bien logé à fond de cale, comme un baril de contrebande.

— Mais la France est en paix avec nous, et l'on n'oserait...

— Et qui entendra parler de vous? dit Nixon en ricanant; vous imaginez-vous qu'on vous fera votre procès, et qu'on mettra votre sentence d'emprisonnement dans le Courrier de l'Europe, comme on le fait à l'égard de celles qui sont rendues à l'Old Bayley de Londres? Non, non, jeune homme. Les portes de la Bastille, du mont Saint-Michel et du château de Vincennes roulent sur des gonds bien huilés; et, quand il s'agit d'y faire entrer un prisonnier, on n'entend pas le moindre bruit. Il s'y trouve des cellules bien fraîches pour les têtes chaudes, des cellules aussi calmes, aussi tranquilles, aussi sombres que vous pourriez le désirer à Bedlam. Et l'on en sort quand le menuisier apporte le cercueil du prisonnier; pas avant.

— Eh bien! M. Nixon, dit Darsie, affectant un enjouement auquel il était bien loin de se livrer, vous conviendrez que je suis dans une situation assez dure, puisqu'il faut ou que j'offense ici notre gouvernement, et que je coure le risque de la vie en agissant ainsi; ou que je subisse un emprisonnement dans un pays étranger, aux lois duquel je n'ai jamais contrevenu, puisque jamais je n'y ai mis le pied. Dites-moi ce que vous feriez si vous étiez à ma place.

— Je vous le dirai *quand j'y serai*, répondit Nixon. Et,

arrêtant son cheval, il attendit l'arrière-garde de la petite troupe.

— Il est évident, pensa Darsie, que ce misérable me croit complètement pris au piège, et qu'il a peut-être l'impudence inconcevable de supposer que, ma sœur devant hériter de la fortune qui a causé la perte de ma liberté, son influence sur la destinée de notre malheureuse famille peut lui assurer la main de l'héritière; mais il périra de la mienne auparavant. Il faut maintenant que je cherche toutes les occasions de m'échapper avant qu'on me jette à bord d'un bâtiment. Willie-le-Vagabond ne m'abandonnera pas sans avoir fait quelque effort pour me délivrer, surtout s'il a appris que je suis le fils de son malheureux maître. Quel changement dans ma situation! Quand je n'avais ni rang ni fortune, je vivais tranquille et inconnu sous la protection de bons et respectables amis dont le ciel avait disposé le cœur favorablement pour moi; et maintenant que je suis le chef d'une famille honorable, que des entreprises du genre le plus audacieux attendent ma décision, qu'on semble croire qu'à un signe de ma main de nombreux vassaux sont prêts à se lever, mon principal espoir de sûreté repose sur l'attachement d'un aveugle, d'un musicien ambulant!

Tandis que ces réflexions se présentaient successivement à son esprit, et qu'il se préparait à avoir avec son oncle une entrevue qui ne pouvait qu'être orageuse, il vit Hugh Redgauntlet revenir lentement à leur rencontre, sans être suivi de personne. Cristal Nixon s'avança dès qu'il l'aperçut, et, en arrivant près de lui, il le regarda d'un air qui semblait l'interroger.

— Ce fou de Crackenthorp, dit Redgauntlet, a reçu

chez lui une foule d'étrangers. Des contrebandiers de ses camarades, sans doute!—Il faut marcher lentement pour lui donner le temps de s'en débarrasser.

— Avez-vous vu quelques-uns de vos amis? lui demanda Cristal.

— Trois, répondit Redgauntlet, et j'ai reçu des lettres d'un plus grand nombre. Tous sont unanimes sur le point que vous savez, et il faut le leur accorder; sans cela, quoique l'affaire soit bien avancée, elle s'arrêterait là.

— Vous obtiendrez difficilement du père qu'il cède à son troupeau, dit Cristal en ricanant.

— Il faut qu'il le fasse, et il le fera, dit Redgauntlet d'un ton bref. Marchez en avant, Cristal, il faut que je parle à mon neveu. J'espère, sir Arthur Redgauntlet, que vous êtes satisfait de la manière dont j'ai rempli mes devoirs à l'égard de votre sœur?

— On ne peut trouver rien à redire ni dans ses manières, ni dans ses sentimens, répondit Darsie. Je m'estime heureux de connaître une sœur si aimable.

— J'en suis charmé, répondit Redgauntlet; car je ne prétends pas être bon juge des perfections d'une femme; un seul objet, un grand objet a occupé toute ma vie. Depuis qu'elle a quitté la France, elle a eu peu d'occasions d'acquérir de nouvelles perfections. Cependant je l'ai exposée le moins possible aux inconvéniens et aux privations de ma vie errante et dangereuse. De temps en temps elle a été passer quelques semaines, et même quelques mois dans le sein de familles honorables et respectables. Je suis charmé que vous lui trouviez les manières et les sentimens qui conviennent à sa naissance.

Darsie lui répondit qu'il était complètement satisfait à cet égard, et il s'ensuivit quelques instans de silence, que Redgauntlet rompit en adressant de nouveau la parole à son neveu, mais d'un ton plus grave et plus solennel.

— J'espérais aussi faire beaucoup pour vous, mon neveu : la faiblesse et la timidité de votre mère vous ont dérobé à mes soins ; sans quoi, j'aurais été fier, je me serais fait un bonheur d'apprendre au fils de mon malheureux frère à marcher dans le sentier que nos ancêtres ont toujours suivi.

— Voilà l'orage qui s'approche, pensa Darsie. Et il commença à recueillir ses idées, comme le capitaine d'un vaisseau cargue les voiles et nettoie le pont de son navire quand il prévoit une tempête.

— La conduite de ma mère à mon égard, dit-il, a pu être mal interprétée ; mais elle a eu pour cause l'affection la plus sincère.

— Assurément, lui répondit son oncle, et je n'ai pas dessein de faire le moindre reproche à sa mémoire, quelque tort qu'ait causé sa méfiance, je ne dirai pas à moi, mais à la cause de mon malheureux pays. Son projet était, je suppose, de faire de vous un de ces pauvres chicaneurs auxquels on donne encore par dérision le nom d'avocats écossais ; un de ces hommes vils qui doivent ramper devant la barre d'une cour de justice étrangère pour obtenir le jugement de leurs causes, au lieu de plaider devant le parlement auguste et indépendant de leur royaume natal.

— J'ai suivi l'étude de la jurisprudence pendant un an ou deux, dit Darsie ; mais j'ai reconnu que je n'avais ni goût ni talens pour cette science.

— Et vous l'avez abandonnée avec mépris, sans doute, dit Redgauntlet; c'est bien. Maintenant, mon cher neveu, j'ai à vous offrir un but plus digne de votre ambition. Regardez du côté de l'est. Voyez-vous un monument sur cette plaine, près d'un petit hameau?

— Je le vois, répondit Darsie.

— Ce hameau se nomme Burg-upon-Sands (1), continua Redgauntlet; et ce monument est érigé à la mémoire du tyran Édouard Ier. La justice de la Providence le frappa en ce lieu, tandis qu'il conduisait ses bandes de soldats pour achever la conquête de l'Écosse, dont les dissensions civiles naquirent de sa maudite politique. — Bruce aurait été arrêté dès son début dans sa glorieuse carrière; la plaine de Bannockburn (2) serait restée une plaine non ensanglantée, si Dieu n'eût frappé, dans ce moment de crise, le tyran insolent et astucieux qui avait été si long-temps le fléau de l'Écosse. Le tombeau d'Édouard est le berceau de notre liberté nationale. C'est en vue de ce signe mémorable de notre indépendance que j'ai à vous proposer une entreprise qui, pour l'honneur et l'importance, ne le cède à aucune de celles qui ont eu lieu depuis que l'immortel Bruce poignarda Comyn-le-Roux, et saisit d'une main encore sanglante la couronne indépendante d'Écosse.

Il se tut, comme s'il eût attendu une réponse; mais Darsie, presque intimidé par l'exaltation énergique de son oncle, et ne voulant pas se compromettre par une explication précipitée, garda le silence.

— Je ne supposerai pas, dit Hugh Redgauntlet

---

(1) Bourg-sur-les-Sables. — Éd.

(2) Voyez le chant VII et les notes du *Lord des Iles*. — Éd.

après une pause de quelques instans, que vous ayez l'esprit assez borné pour ne pas comprendre mes paroles; que vous soyez assez lâche pour être effrayé de ma proposition, ou assez dégénéré du sang et des sentimens de vos ancêtres pour ne pas entendre mon appel comme le cheval de bataille entend celui de la trompette guerrière.

— Je ne feindrai pas de ne point vous comprendre, monsieur, répondit Darsie ; mais une entreprise dirigée contre une dynastie que trois règnes successifs ont affermie sur le trône a besoin de solides argumens pour se recommander comme utile et juste à tout homme prudent et consciencieux.

— Je ne veux pas, s'écria Redgauntlet les yeux étincelans de colère, je ne veux pas vous entendre dire un seul mot contre la justice de cette entreprise, à laquelle votre pays opprimé vous appelle comme une mère qui implore le secours de ses enfans, ni contre cette noble vengeance réclamée par le sang de votre père, du fond de l'ignoble tombe qui a reçu ses restes. Sa tête exposée encore sur Rikergate vous ordonne de vous conduire en homme, comme si elle retrouvait la parole. Je vous le demande, au nom de Dieu et de votre patrie, tirerez-vous l'épée du fourreau, me suivrez-vous à Carlisle, ne fût-ce que pour déposer dans la sainte sépulture que réclame son illustre naissance la tête de votre père, sur laquelle se perchent le hibou et le corbeau, et qui sert de jouet et de dérision aux plus vils manans ?

Darsie n'était pas préparé à répondre à cet appel de l'enthousiasme ; et, ne doutant pas qu'un refus direct ne lui coûtât la liberté ou la vie, il garda encore le silence.

— Je vois, dit son oncle d'un ton plus calme, que ce n'est pas le manque de courage qui vous empêche de me répondre; ce sont les habitudes étroites que vous a fait contracter une éducation reçue parmi les gens de basse naissance avec lesquels vous avez été condamné à végéter, qui vous font garder le silence. A peine pouvez-vous vous croire un Redgauntlet. Votre cœur n'a pas encore appris à répondre aux appels de l'honneur et du patriotisme.

— J'espère, dit enfin Darsie, que je ne serai jamais sourd ni à l'un ni à l'autre; mais, pour répondre efficacement à cet appel, quand même je serais convaincu que mon oreille l'entend en ce moment, il faudrait que je visse quelque espoir raisonnable de succès pour l'entreprise désespérée dans laquelle vous voudriez m'entraîner. Je jette les yeux autour de moi, et je vois un gouvernement reconnu, une autorité établie, un prince né en Angleterre, assis sur le trône; les montagnards écossais eux-mêmes, sur qui seuls reposait la confiance de la famille exilée, formés en régimens qui agissent sous les ordres de la dynastie actuelle. La France a reçu dans la dernière guerre des leçons qui ne lui donneront pas envie d'en provoquer une autre. Dans l'intérieur, comme à l'extérieur du royaume, tout conspire à détourner d'une lutte qui n'offre aucune chance favorable; et vous seul, monsieur, vous paraissez disposé à tenter une entreprise si désespérée.

— Et je la tenterais, fût-elle dix fois plus désespérée encore, s'écria Hugh Redgauntlet; et je l'ai tentée quand dix fois plus d'obstacles s'y opposaient. Ai-je oublié le sang de mon frère? Puis-je, osé-je même prononcer maintenant l'oraison dominicale, quand ses meurtriers et mes ennemis n'ont pas obtenu de moi leur pardon? Existe-t-il un moyen que je n'aie jamais mis en usage, une privation à laquelle je ne me sois soumis, pour amener la crise que je regarde comme arrivée? N'ai-je pas été un homme voué et dévoué, oubliant toutes les douceurs de la vie sociale, renonçant même aux exercices de dévotion, si ce n'est pour prononcer une prière secrète pour mon prince et pour mon pays; sacrifiant tout, en un mot, pour faire des prosélytes à cette noble cause? Et, après avoir été si loin, m'arrêterai-je dans cette glorieuse carrière?

Darsie allait lui répondre; mais son oncle, lui appuyant la main sur l'épaule d'un air affectueux, lui enjoignit le silence, ou plutôt parut le supplier de l'écouter.

— Paix! ajouta-t-il, héritier de toute la renommée de mes ancêtres, sur qui j'ai fondé toutes mes espérances! Paix! fils d'un frère assassiné! je t'ai cherché, je t'ai pleuré, comme une mère cherche et pleure un fils unique. Que je ne te perde pas à l'instant où tu es rendu à mon espoir! — Croyez-moi, Darsie, je me méfie tellement de l'impétuosité de mon caractère, que je vous demande comme une grace de ne rien faire qui puisse l'irriter en ce moment de crise.

Darsie ne fut pas fâché de pouvoir lui répondre que son respect pour lui le porterait à écouter tout ce qu'il pourrait avoir à lui dire, avant de prendre une résolution définitive sur un objet de délibération aussi important que celui dont il lui parlait.

— De délibération! répéta Redgauntlet d'un ton d'impatience, — et pourtant cela n'est pas mal dit. J'aurais voulu qu'il y eût plus de chaleur dans votre réponse, Arthur, mais je ne dois pas oublier qu'un aigle arraché de son aire, élevé dans une fauconnerie, les yeux couverts du chaperon, ne peut tout d'un coup regarder fixement le soleil. Ecoutez-moi donc, mon cher Arthur : l'état en apparence florissant de cette nation n'est pas plus une preuve de sa prospérité que les vives couleurs que donne la fièvre ne sont un symptôme de santé. Tous cela n'est qu'un masque trompeur. Le succès apparent de l'administration de Chatam a plongé le pays dans une dette que ne rachèterait pas tout le produit des terres stériles du Canada si elles devenaient aussi fertiles que celles du comté d'York. La gloire brillante des victoires de Minden et de Quebec (1) a été ternie par la honte d'une paix précipitée ; l'Angleterre n'avait gagné que de l'honneur par une guerre qui lui avait tant coûté, et elle y a gratuitement renoncé. Que d'Anglais, jadis froids et indifférens, se tournent vers la race de nos anciens et légitimes monarques, comme vers le seul refuge auquel on puisse avoir recours dans la tempête qui approche! Les riches sont alarmés, les nobles sont abreuvés de dégoûts, le peuple est mécontent, et une troupe de patriotes, dont les projets sont d'autant plus sûrs que leur nombre est limité, à résolu de lever l'étendard du roi Charles.

— Mais les militaires? dit Darsie : comment pouvez-vous, avec un corps d'insurgens sans armes et sans discipline, espérer de résister à une armée bien organisée ? Les montagnards sont maintenant désarmés complètement.

— En grande partie peut-être, répondit Redgauntlet;

(1) Où le général Wolf fut tué. — Éd.

mais la politique y a pourvu en les organisant en régimens. Nous avons déjà des amis dans ces corps, et nous ne pouvons douter du parti qu'ils prendront quand ils verront la cocarde blanche en campagne. Le reste de l'armée a été considérablement réduit depuis la paix, et nous avons la pleine confiance de voir des milliers de soldats licenciés accourir sous nos étendards.

— Hélas! dit Darsie, et c'est sur de si vagues espérances, sur quelques mouvemens d'humeur d'une multitude inconstante, sur l'attente de la jonction de soldats réformés, qu'on engage des hommes d'honneur à mettre en danger leur fortune, leur famille, leur vie!

— Les hommes d'honneur, jeune homme, s'écria Redgauntlet les yeux pétillans d'impatience, risquent leur fortune, leur famille, leur vie, tout, quand cet honneur le commande. Nous ne sommes pas plus faibles aujourd'hui que lorsque sept hommes, débarqués à Moidart, ébranlèrent le trône de l'usurpateur, gagnèrent deux batailles rangées, traversèrent un royaume et la moitié de l'autre, et, sans la trahison, auraient achevé ce que leurs valeureux successeurs vont maintenant tenter à leur tour.

— Et ce projet est donc sérieux! dit Darsie. Excusez-moi, mon oncle, si je puis à peine croire un fait si extraordinaire. Est-il possible que vous soyez réellement assuré d'un nombre suffisant d'hommes distingués par leur rang et leur fortune, pour renouveler la tentative de 1745?

— Je ne vous donnerai pas ma confiance à demi, sir Arthur, lui répondit son oncle. Prenez ce papier, lisez-le. Que dites-vous de ces noms? n'est-ce pas la fleur des comtés de l'ouest, du pays de Galles, de toute l'Écosse?

— Il est vrai, répondit Darsie après l'avoir parcouru des yeux, que j'y vois les noms d'hommes distingués par leur noblesse et leur fortune; mais...

— Mais quoi? s'écria Redgauntlet avec impatience, doutez-vous qu'ils puissent fournir les sommes d'argent et le nombre d'hommes que vous voyez marqués à côté de leurs noms?

— Ce n'est pas précisément ce que je veux dire, répondit Darsie, car je ne suis guère en état d'en juger; mais je trouve dans cet écrit le nom de sir Arthur Redgauntlet, indiqué comme devant fournir cent hommes au moins. Bien certainement j'ignore comment il pourra remplir la promesse faite en son nom.

— Je réponds de ce nombre d'hommes.

— Mais, mon cher oncle, j'espère, par intérêt pour vous, que les autres individus dont les noms sont inscrits sur ce papier connaissent vos projets mieux que je ne les ai connus jusqu'à ce moment.

Je puis être moi-même responsable de tout ce que tu dois faire et fournir, s'écria Redgauntlet; car, si tu n'as pas le courage de te mettre à la tête des vassaux de ta maison, d'autres mains saisiront les rênes, et tu perdras ton héritage comme une branche viciée perd sa fraîcheur et sa force. Quant à ces hommes honorables, ils mettent une petite condition à leur amitié, une bagatelle qui mérite à peine qu'on en parle; et quand cette faveur sera accordée par celui qui y est le plus intéressé, il n'y a nul doute qu'ils n'accomplissent tout ce qu'ils ont promis.

Darsie lut une seconde fois cet écrit, et se sentit encore moins disposé à croire que tant d'hommes distingués par leur naissance et leur fortune pussent volontairement s'embarquer dans une entreprise si fatale. Il était tenté de supposer que quelque conspirateur audacieux avait pris sur lui d'écrire ainsi les noms de tous ceux que le bruit général accusait de jacobitisme ; ou, si ces individus avaient réellement donné une sorte d'assentiment à un projet si insensé, il soupçonnait qu'ils s'étaient réservé quelque moyen secret pour se dispenser d'y prendre part. Il était impossible, pensait-il, que des Anglais jouissant d'une fortune considérable, qui n'avaient pas joint les drapeaux de Charles quand il était entré en Angleterre à la tête d'une armée victorieuse, pussent avoir la moindre pensée d'encourager une pareille tentative dans des circonstances beaucoup moins favorables. Il en conclut donc que tout l'échafaudage de cette conspiration s'écroulerait de lui-même, et qu'en attendant, ce qu'il avait de mieux à faire était de garder le silence jusqu'à ce que l'approche d'une crise, qui pouvait ne jamais arriver, l'obligeât à faire à son oncle un refus formel ; et si, pendant cet intervalle, il trouvait une porte ouverte pour s'échapper, il se promit de ne pas manquer d'en profiter.

Hugh Redgauntlet sembla pendant quelque temps étudier la physionomie de son neveu, et enfin, comme s'il fût arrivé par quelque autre voie à la même conclusion que lui, il lui dit : — Je n'exige pas de vous, sir Arthur, que vous vous prononciez à l'instant même sur ma proposition. Les conséquences d'un refus seraient si terribles pour vous, anéantiraient tellement toutes les espérances que j'ai nourries, que je ne veux pas risquer de détruire, par un moment d'impatience, l'espoir de toute ma vie. Oui, Arthur, tantôt j'ai vécu en ermite dans la solitude et les privations ; tantôt je suis devenu en apparence le compagnon de proscrits et de brigands ; tantôt je me suis abaissé jusqu'à être l'agent subordonné de gens bien au-dessous de moi sous tous les rapports : était-ce par quelque motif d'égoïsme? non ; ce n'était pas même pour m'acquérir la gloire d'avoir servi de principal instrument pour rétablir mon roi sur le trône, et pour délivrer mon pays du joug que lui a imposé l'usurpation. Cette restauration, cet affranchissement, ont été mon premier désir sur la terre ; le second est de voir mon neveu, le représentant de ma maison, le fils d'un frère chéri, recueillir tout l'honneur et tout le profit de mes efforts pour la bonne cause.

— Mais, ajouta-t-il en fronçant le sourcil et en lançant à Darsie un de ses regards effrayans, si l'Écosse et la maison de mon père ne peuvent se toutenir et fleurir ensemble, périsse le nom de Redgauntlet! périsse le fils de mon frère! périsse le souvenir de la gloire de ma famille et des affections de ma jeunesse, plutôt que de nuire le moins du monde à la cause de mon pays! L'esprit de sir Alberic vit encore en moi en ce moment, continua-t-il en se redressant sur sa selle et en appuyant un doigt sur son front ; — si vous mettez obstacle à l'exécution de mes projets par votre opposition, je jure par la marque fatale imprimée sur ce front, qu'un nouveau forfait méritera un nouveau signe à ma famille.

Il n'en dit pas davantage ; mais ses menaces avaient été prononcées d'un ton si ferme et si résolu, que Darsie sentit en lui un accablement complet en songeant à la tempête de passions qu'il aurait à braver s'il refusait de se joindre à son oncle dans un projet auquel ses principes et sa prudence lui défendaient également de prendre part. Il ne lui restait d'autre espérance que de temporiser jusqu'à ce qu'il pût s'évader, et il résolut de profiter, pour ce dessein, du délai que son oncle semblait disposé à lui accorder.

Le front sombre et mécontent de Redgauntlet se dérida pourtant peu à peu, et ayant fait signe à Lilias de venir les joindre, cet oncle bizarre entama une conversation sur des sujets indifférens. Dans le cours de l'entretien, Darsie remarqua que sa sœur semblait toujours parler avec contrainte et circonspection, pesant chaque mot qu'elle allait prononcer, et laissant toujours à M. Herries le soin de donner le ton à la conversation, quelque peu important qu'en pût être l'objet. Il avait déjà conçu une telle opinion du bon sens et de la fermeté de sa sœur, que cette précaution lui parut la meilleure preuve qu'il eût encore acquise du caractère impérieux de son oncle, lui qui obtenait tant de déférence d'une jeune personne à qui son sexe pouvait donner quelques privilèges, et douée d'ailleurs de franchise et de fermeté.

La petite cavalcade approchait alors de la maison du père Crackenthorp, située, comme le lecteur le sait, sur le bord du Solway, à peu de distance d'une mauvaise jetée, près de laquelle étaient plusieurs barques de pêcheurs, fréquemment employées à une autre occupation que la pêche. L'habitation de ce digne cabaretier était également adaptée aux différens métiers qu'il exerçait. C'était une sorte d'assemblage de plusieurs chaumières attachées à la maison principale, élevée de deux étages, et couverte en dalles. M. Crackenthorp y avait fait ces additions à mesure que son commerce s'était agrandi. Au lieu de la grande auge qu'on ne manque jamais de trouver près de la porte d'une auberge anglaise de seconde classe, on en voyait jusqu'à trois devant la sienne. Elles étaient destinées, disait-il, à rafraîchir les chevaux des soldats qu'on envoyait de temps en temps faire une perquisition dans sa maison; mais un clignement d'œil et un mouvement de tête donnaient à entendre quels étaient les soldats dont il voulait parler. Un grand frêne, qui avait atteint une hauteur peu ordinaire malgré les vents froids du golfe, couvrait de son ombre, suivant l'usage, ce que nos ancêtres appelaient le banc à bière. C'est là que, quoique la journée ne fût pas encore bien avancée, plusieurs hommes, qui semblaient être des domestiques, étaient assis, buvant et fumant.

Quelques-uns d'entre eux portaient des livrées qui parurent connues de Hugh Redgauntlet, car il murmura entre ses dents : — Les fous! quand ils seraient en marche pour l'enfer, il faudrait qu'ils eussent avec eux leurs gens en livrée, afin que personne ne pût ignorer qu'ils s'en vont au diable.

En prononçant ces mots, il s'arrêta devant la porte de la maison, d'où plusieurs étrangers commençaient à sortir, attirés par cette curiosité qui porte les oisifs à regarder de nouveaux arrivés.

Redgauntlet sauta à bas de son cheval et aida sa nièce à descendre du sien; mais oubliant peut-être le déguisement de son neveu, il n'eut pas pour lui l'attention qu'exigeait son costume féminin.

Cependant la situation de Darsie était un peu embarrassante. Cristal Nixon, sans doute pour prévenir d'autant mieux tout projet d'évasion, avait retroussé le bas du jupon dont il était affublé, sous ses pieds et autour de ses jambes, et l'y avait attaché avec de grosses épingles. Nous présumons que quelquefois les cavaliers jettent les yeux sur cette partie du corps des belles amazones auxquelles ils servent d'escorte ; et s'ils se représentent leurs pieds enveloppés, comme l'étaient ceux de Darsie, dans une amplitude d'étoffe et dans un labyrinthe de plis, formant le vêtement inférieur que la modestie sans doute engage les dames à adopter en pareille occasion, ils conviendront que, surtout pour une première fois, on peut se trouver un peu gauche pour descendre de cheval avec un tel accoutrement. Darsie du moins éprouva cet embarras ; et l'assistance que lui offrit enfin un des hommes de la suite de Redgauntlet n'étant pas accompagnée de beaucoup d'adresse, il trébucha en voulant mettre pied à terre, et il serait tombé sans le secours qu'il reçut fort à propos d'un galant jeune homme. Celui-ci, de son côté, fut probablement un peu surpris du poids du bel objet qu'il avait l'honneur de soutenir dans ses bras.

Mais cette surprise n'était rien auprès de celle qu'éprouva Darsie quand, après le moment de confusion occasioné par cet accident, il vit qu'il se trouvait dans les bras de son cher Alan Fairford. La joie et l'espérance s'emparèrent de lui à la vue inattendue de son meilleur ami, dans un moment de crise qui pouvait décider de son destin ; mais il s'y mêlait aussi quelques mouvemens de crainte.

Ne pouvant en être reconnu sous son masque, il allait lui dire à l'oreille qui il était, en lui recommandant en même temps de garder le silence. Il hésita pourtant quelques secondes à exécuter ce projet, craignant qu'une exclamation arrachée à Alan par la surprise ne donnât l'alarme à son oncle; et comment deviner quelles pourraient en être les conséquences?

Avant qu'il eût pu décider ce qu'il devait faire, Redgauntlet, qui était entré dans la maison, en sortit à la hâte, suivi de Cristal Nixon.

— Je vous déchargerai du soin de cette jeune dame, monsieur, dit-il avec un ton de hauteur à Alan Fairford, que probablement il ne reconnut pas.

— Je n'ai fait que ce que la courtoisie exigeait de moi, monsieur, répondit Fairford : madame avait besoin d'assistance, et... Mais n'ai-je pas l'honneur de parler à M. Herries de Birrenswork?

— Vous vous trompez, monsieur, répondit Redgauntlet en se détournant de lui; et, faisant un signe de la main à Cristal, celui-ci entraîna Darsie, bien contre son gré, dans la maison, en lui disant à l'oreille : — Allons, miss, allons, il ne s'agit point ici de faire des connaissances par la fenêtre. Les dames comme il faut doivent garder l'incognito. — Père Crackenthorp, donnez-nous une chambre.

En parlant ainsi, il conduisait Darsie dans la maison, se plaçant entre lui et l'étranger qui lui inspirait des soupçons, de manière à rendre impossible toute communication entre eux, même par signes. En y entrant, ils entendirent les sons d'un violon dans une grande cuisine pavée en dalles et bien sablée, dans laquelle leur hôte allait les faire entrer, et où ils virent beaucoup de monde, dont une partie dansait au son de la musique.

— Va-t'en au diable! dit Nixon à Crackenthorp; à quoi penses-tu de vouloir faire passer cette dame dans une pareille cohue? Ne peux-tu nous conduire dans notre chambre par une entrée plus particulière?

— Nulle autre ne peut nous convenir, répondit l'hôte en frappant sur son gros ventre. Je ne suis pas un Tam Turnpenny, pour me glisser comme un lézard à travers des trous de serrure.

En parlant ainsi il entrait dans la cuisine, et Nixon, tenant sous son bras celui de Darsie, comme pour soutenir la dame qu'il accompagnait, mais très-probablement pour empêcher toute tentative qu'il pourrait faire pour s'évader, le suivit et traversa une foule très-mélangée, composée de domestiques, de paysans, de mariniers, et d'autres oisifs que Willie-le-Vagabond régalait de sa musique.

Passer près de ce second ami sans lui faire connaître sa présence, aurait paru à Darsie un acte de véritable pusillanimité; et, quand ils furent près du siège élevé qu'occupait l'aveugle, il lui demanda avec quelque emphase s'il saurait jouer un air écossais.

La figure du vieillard, l'instant d'auparavant, n'offrait aucune expression. Il promenait son archet sur les cordes de son instrument, comme un paysan laboure dans le plus beau pays, trop accoutumé à regarder son travail comme une tâche, pour prendre aucun intérêt au paysage; et, dans le fait, il semblait à peine entendre l'harmonie qu'il produisait. En un mot, il aurait pu alors servir de pendant à l'inimitable ménétrier aveugle de mon ami Wilkie (1). Mais ce n'était que rarement que Willie-le-Vagabond était sujet aux accès de cette apathie qui s'empare quelquefois de tous ceux qui pro-

(1) *The blind fiddler*, de Wilkie, gravé par Raimbach. — Ed.

fessent les beaux-arts, et qu'il faut attribuer soit à la fatigue, soit au mépris des auditeurs qui les écoutent, soit au caprice, qui a tant d'empire sur les peintres et les musiciens, et qui engage si souvent les grands acteurs à réciter froidement leur rôle, au lieu de s'évertuer pour y mettre l'énergie à laquelle ils doivent leur réputation. Mais quand notre musicien entendit la voix de Darsie, sa figure devint tout à coup rayonnante, et prouva combien se trompent ceux qui supposent que c'est principalement des yeux que dépend l'expression de la physionomie. — Son visage se tourna vers le point d'où partait le son de la voix de Darsie, sa lèvre supérieure devint comme tremblante, — ses joues ridées se couvrirent d'un coloris qu'y avaient appelé la surprise et le plaisir, — et il changea sur-le-champ l'air de danse qu'il semblait racler avec dégoût et lassitude, pour le bel air écossais :

Charlot Stuart, soyez le bien venu.

qu'il joua comme d'inspiration, et qui fut suivi d'applaudissemens unanimes qui prouvaient que le choix de l'air, le nom qu'il rappelait et l'exécution du musicien plaisaient également à toute la compagnie.

Cependant Cristal Nixon, tenant toujours Darsie sous le bras, et suivant le digne cabaretier, se fraya un chemin, non sans quelque difficulté, à travers la cohue rassemblée dans la cuisine, et entra dans un petit appartement où Lilias était déjà assise. En y arrivant il lâcha la bride au ressentiment qu'il avait eu peine à retenir si long-temps, et, se tournant vers Crackenthorp, il le menaça de tout le déplaisir de son maître.

Comment osait-il le recevoir, lui et sa famille, dans une maison si pleine de bruit, quand il l'avait fait avertir qu'il désirait y être à peu près sans témoins! Mais père Crackenthorp n'était pas homme à s'en laisser imposer.

— Comment, frère Nixon, répliqua-t-il, tu as de l'humeur ce matin! Tu dois savoir aussi bien que moi que c'est le Squire qui est la principale cause de toute cette cohue. N'as-tu pas vu les domestiques de gentilshommes qui sont venus pour lui parler *par suite d'affaires*, comme dit le vieux Turnpenny? Le dernier qui est arrivé est venu avec Dick de Fairladies.

— Mais ce vieux coquin de racleur aveugle! dit Nixon, comment osez-vous permettre à une pareille canaille de passer le seuil de votre porte en pareille occasion? Si le Squire venait seulement à s'imaginer que vous pussiez branler au manche... Je vous parle dans votre intérêt, père Crackenthorp.

— Écoutez-moi, frère Nixon, dit Crackenthorp avec le plus grand calme, le Squire est un digne gentilhomme, je ne le nierai pas; mais je ne suis ni son valet, ni son fermier; et, jusqu'à ce que j'aie mis sa livrée, je n'ai pas d'ordres à recevoir de lui. Quant à fermer ma porte à qui que ce soit, autant vaudrait défoncer mes tonneaux et abattre mon enseigne. Et quant à branler dans le manche, comme vous le dites, le Squire trouvera ici des gens tout aussi honnêtes au moins que ceux qu'il y amène.

— Comment! s'écria Nixon; que voulez-vous dire, insolent lourdaud?

— Rien, répondit Crackenthorp, si ce n'est que je puis me montrer au grand jour tout comme un autre, vous m'entendez? J'ai de bonnes lumières dans l'étage supérieur de ma maison, et je sais une chose ou deux de plus que bien des gens. Si l'on se donne rendez-vous chez moi pour des projets dangereux, morbleu! on ne se servira pas de Joé Crackenthorp comme de la patte du chat. Je me maintiendrai net et pur, vous pouvez y compter, et que chacun réponde de ses actions. Voilà ma manière. Avez-vous besoin de quelque chose, M. Nixon?

— Non; oui; retirez-vous, répondit Nixon, qui, quoique embarrassé du ton décidé qu'avait pris le cabaretier, semblait vouloir cacher l'effet qu'il produisait sur lui.

Dès que Crackenthorp fut parti, miss Redgauntlet, s'adressant à Nixon, lui ordonna de quitter l'appartement, et de se retirer où il lui convenait d'être.

— Comment! miss Lilias, lui dit le drôle d'un ton bourru, mais avec un air de respect; voudriez-vous que votre oncle me tirât un coup de pistolet pour désobéir à ses ordres?

— Il pourrait vous en tirer un pour une autre cause, si vous n'obéissez pas aux miens, dit Lilias avec beaucoup de sang-froid.

— Vous abusez de l'avantage que vous avez sur moi, miss Lilias, dit Cristal. Réellement je n'ose quitter cet appartement; je suis charmé de veiller sur... sur cette autre miss, et si j'abandonnais mon poste, je n'aurais pas cinq minutes à vivre.

— Sachez donc quel est votre poste, monsieur, dit Lilias; veillez sur la porte, mais tenez-vous en dehors. Vous n'êtes pas chargé d'écouter notre conversation, à ce que je crois. Sortez sans répliquer davantage, monsieur, ou j'apprendrai à mon oncle des choses dont vous regretteriez qu'il fût instruit.

Cristal la regarda avec une expression singulière de dépit mêlé de respect. — Vous abusez de ma situation, miss Lilias, lui dit-il, et vous agissez en cela aussi follement que je l'ai fait quand je vous ai fourni des armes contre moi-même. Mais vous êtes un tyran, et le règne des tyrans n'est jamais bien long.

Et à ces mots il sortit de l'appartement.

— L'insolence sans égale de ce misérable, dit Lilias à son frère, m'a donné un grand avantage sur lui. Sachant que mon oncle lui enverrait une balle dans la tête avec aussi peu de remords qu'à un faisan, s'il se doutait seulement de son impudente présomption, il n'ose depuis ce temps prendre à mon égard l'air de supériorité impertinente qu'il croit pouvoir se permettre avec les autres membres de ma famille parce qu'il est en possession de tous les secrets et de tous les plans de mon oncle.

— En attendant, dit Darsie, je m'applaudis de voir que le maître de cette maison ne lui paraît pas aussi dévoué que je le craignais. Cela ajoute à l'espoir que j'ai conçu de pouvoir nous échapper tous deux. O Lilias! le plus véritable des amis, Alan Fairford me cherche, et il est ici en ce moment. Un autre ami, plus humble, mais non moins fidèle, à ce que je pense, est aussi dans ces murs dangereux.

Lilias mit un doigt sur ses lèvres, en lui montrant la porte. Darsie comprit parfaitement ce signe; et, baissant la voix, il l'informa tout bas de la manière dont il avait rencontré son ami, et du moyen qu'il avait pris pour se faire reconnaître de Willie-le-Vagabond. Sa sœur l'écouta avec le plus vif intérêt, et elle ouvrait la bouche pour lui répondre, quand ils entendirent dans la cuisine un grand bruit causé par plusieurs voix qui semblaient se quereller, et parmi lesquelles Darsie crut distinguer celle d'Alan Fairford.

Oubliant combien peu sa situation lui permettait de porter du secours à un autre, Darsie courut à la porte, et la trouvant fermée à double tour et aux verrous, il s'escrima des pieds et des poings pour l'enfoncer, malgré les prières que lui faisait sa sœur de se calmer, et de songer à l'état dans lequel il se trouvait. Mais on avait eu soin que la porte fût assez solide pour résister aux attaques des commis de l'excise, des constables et de tous les autres personnages autorisés à se servir de ce qu'on appelle le passe-partout du roi, qui fait pénétrer dans les lieux les mieux fermés: tous les efforts de Darsie furent inutiles. Pendant ce temps le bruit continuait toujours, et nous en expliquerons la cause dans le chapitre suivant.

CHAPITRE XX.

CONTINUATION DES AVENTURES DE DARSIE LATIMER.

Le cabaret de Joé Crackenthorp, depuis que ses cheminées s'étaient élevées sur les bords du Solway, n'avait jamais vu une réunion d'hôtes aussi mélangée que celle de ce matin. Plusieurs d'entre eux étaient des hommes dont le rang semblait beaucoup plus élevé que ne l'annonçaient leur costume et la manière dont ils voyageaient. Les domestiques qui les suivaient ne manquaient pas de démentir les conclusions qu'on aurait pu tirer des vêtemens simples qu'avaient pris leurs maîtres, et de donner à entendre, suivant l'usage des chevaliers de l'Arc-en-Ciel (1), qu'ils n'étaient pas gens à servir des hommes qui ne seraient pas de la première importance.

(1) On nomme ainsi dans l'argot de Londres les laquais à livrée, parce qu'ils portent des habits et des galons de diverses couleurs.
Éd.

Les gentilshommes qui avaient choisi ce rendez-vous pour y conférer avec M. Hugh Redgauntlet, semblaient soucieux et inquiets, se promenaient ensemble, causaient à voix basse, et évitaient toute communication avec les voyageurs que le hasard amenait dans le même endroit.

Comme si le destin eût voulu contrecarrer les désirs des conspirateurs jacobites, il avait réuni ce matin dans ce cabaret un plus grand nombre de voyageurs que de coutume, et d'une condition plus mélangée. Ils remplissaient la salle ouverte au public, les grands personnages ayant déjà occupé la plupart des appartemens particuliers.

L'honnête Josué Geddes, entre autres, venait d'y arriver. Il avait voyagé, comme il le dit ensuite, dans l'amertume de son ame, déplorant le sort de Darsie Latimer comme s'il eût été son fils premier-né. Il avait côtoyé toutes les rives du Solway, indépendamment de plusieurs excursions qu'il avait faites dans l'intérieur, s'exposant intrépidement à la dérision des infidèles, bravant même les dangers personnels assez sérieux qu'il pouvait courir en s'introduisant dans les repaires des contrebandiers, des maquignons et d'autres gens menant une vie peu régulière, qui le regardaient comme suspect, et aux yeux desquels il passait pour un employé de l'excise déguisé, plutôt que pour un quaker. Il n'avait pourtant recueilli aucun fruit de toutes ses fatigues et de tous ses périls. Toutes ses recherches n'avaient pu lui procurer aucunes nouvelles de Darsie Latimer. Il commençait donc à craindre que le pauvre garçon n'eût été transporté hors du royaume, événement qui n'était pas très-rare sur les côtes occidentales de la Grande-

Bretagne, si toutefois on n'avait pas employé un moyen plus cruel et plus expéditif pour s'en débarrasser.

Le cœur du bon quaker était navré de chagrin, quand, ayant remis son cheval Salomon entre les mains du garçon d'écurie, et étant entré dans la maison, il demanda à déjeuner et une chambre particulière.

Les quakers et les cabaretiers de l'acabit du père Crackenthorp ne s'accordent pas très-bien ensemble. Celui-ci regarda de travers le nouvel hôte qui lui arrivait, et lui répondit en se contentant de tourner la tête sur son épaule : — Si vous voulez avoir à déjeuner ici, l'ami, il faut que vous le preniez dans la salle où les autres prennent le leur.

— Et pourquoi ne puis-je avoir un appartement séparé pour mon argent? demanda Josué.

— Pourquoi ? maître Jonathan, répliqua le père Crackenthorp, parce qu'il faut que vous attendiez que ceux qui valent mieux que vous soient servis, ou que vous vous contentiez de la compagnie de vos égaux.

Geddes n'argumenta pas davantage, et prit tranquillement la place que lui indiqua le maître de la maison. Ayant demandé ensuite une pinte d'ale, du pain, du beurre et du fromage de Hollande, il commença à satisfaire un appétit que l'air du matin avait aiguisé plus que de coutume.

Tandis qu'il s'occupait ainsi, un autre étranger entra dans la salle, et s'assit près de la table sur laquelle était placé le déjeuner de l'honnête quaker. Il restait les yeux fixés sur Josué, se léchant les lèvres chaque fois qu'il voyait son gosier faire un mouvement pour avaler, et s'essuyant la bouche avec les doigts quand il le voyait approcher sa pinte de la sienne, comme si l'exemple de l'admirable exercice des fonctions animales dont s'acquittait si bien le bon quaker eût réveillé en lui le désir irrésistible d'en faire autant. Enfin, ne pouvant résister plus long-temps aux demandes d'un estomac importun, il appela le cabaretier qui promenait, avec un air d'importance, son embonpoint dans la salle, et lui demanda s'il pouvait lui donner un pâté d'un plack (1).

— Je n'ai jamais entendu parler de pareille chose, mon maître, répondit l'hôte sans s'arrêter; mais l'étranger le retint en lui disant avec un accent écossais fortement prononcé : — Et peut-être n'avez-vous ni petit-lait, ni lait de beurre; peut-être même pas un petit pain de savetier?

— Je ne sais de quoi vous me parlez, mon maître, dit Crackenthorp.

— Ne pouvez-vous me donner un déjeuner quelconque pour un shilling d'Écosse? demanda l'étranger.

— C'est-à-dire pour un sou d'Angleterre, répondit l'hôte; non, Sawney (2), je n'ai pas de déjeuner à ce prix; mais je vous en donnerai un à meilleur marché, car je vous emplirai le ventre pour rien. Cela vous convient-il?

— Jamais je ne refuse une offre obligeante, dit le pauvre étranger; et je dirai des Anglais que, quand ce seraient des diables, ils savent se conduire avec civilité à l'égard d'un gentilhomme couvert d'un nuage.

— Gentilhomme! dit Crackenthorp; hum! il n'y a pas un bonnet bleu parmi eux qui ne boite de ce pied.

---

(1) Un liard ou guère plus; la plus petite des monnaies de cuivre d'Ecosse. — Tr.

(2) Sobriquet générique des Ecossais. — Ed.

Prenant alors un plat qui contenait encore un reste considérable de ce qui avait été autrefois un superbe pâté de mouton, il le plaça devant l'étranger en lui disant : — Tenez, maître gentilhomme, voilà qui vaut mieux que tous les pâtés d'un plack qui aient jamais été faits de tête de mouton.

— Une tête de mouton n'est pourtant pas à dédaigner, répliqua l'étranger. Mais il eut soin de prononcer ces mots d'un ton à ne pouvoir offenser celui qui le régalait ainsi ; de sorte que cette exclamation pouvait passer pour une protestation faite à part contre le mépris qu'on paraissait faire du mets favori de la Calédonie.

Après avoir satisfait ainsi l'amour-propre national, il fit passer du plat sur son assiette des morceaux de mouton et de la croûte de pâté en aussi grande profusion que s'il n'eût rien mangé depuis trois jours, et qu'il eût voulu se précautionner contre un jeûne de carême.

Josué Geddes le regarda à son tour avec surprise, croyant n'avoir jamais vu personne offrir, en mangeant, un emblème aussi fidèle de la faim.

— Ami, lui dit-il après l'avoir vu opérer quelques minutes, si tu te gorges de cette manière, tu t'étoufferas bien certainement. Voudrais-tu un verre de bière pour aider ce que tu avales ainsi à descendre ?

L'étranger interrompit un instant son occupation en entendant cette proposition, et leva les yeux sur celui qui la lui faisait.

— Ma foi, dit-il, ce n'est pas une mauvaise ouverture, comme on le dit dans l'Assemblée Générale (1).

(1) L'assemblée générale du clergé. Voyez les notes du Ier vol. de *Waverley*. — Éd.

J'ai entendu de plus mauvaises motions faites par de plus savans avocats.

M. Geddes ordonna qu'on servît une pinte de bière à notre ami Pierre Peebles, car nos lecteurs doivent avoir déjà reconnu ce malheureux plaideur dans le voyageur étranger.

Ce martyr de Thémis n'eut pas plus tôt vu la pinte sur la table, qu'il la saisit avec la même énergie dont il avait fait preuve en attaquant le pâté, souffla la mousse qui la couvrait avec tant de force qu'il en fit jaillir une partie sur la tête du quaker, et paraissant se souvenir tout à coup de ce qui était dû à la civilité, il dit : — A votre santé, mon digne ami! Quoi! êtes-vous trop grand seigneur pour me répondre, ou avez-vous l'ouïe dure?

— Bois tranquillement ta bière, ami, répondit Josué. Tes intentions sont bonnes; mais nous ne connaissons pas cet usage ridicule.

— Quoi! vous êtes donc quaker! s'écria Pierre Peebles; et sans plus de cérémonie il éleva la pinte, l'approcha de sa bouche, et ne baissa le coude que lorsqu'il eut vidé jusqu'à la dernière goutte du bouillon d'orge, comme on l'appelle en Écosse. Cela nous a fait grand bien à tous deux, dit-il en mettant le pot sur la table en soupirant; mais deux pintes de bière entre deux sont une petite mesure. Que dites-vous d'un autre pot? ou voulez-vous demander tout d'un coup une pinte d'Écosse?

— Tu peux demander à tes dépens tout ce qu'il te plaira, l'ami, répondit Geddes; quant à moi, j'ai contribué de bon cœur à apaiser ta soif naturelle, mais je crains qu'il ne soit pas aussi facile d'assouvir celle qui n'est en toi que factice.

— Ce qui veut dire, en bon anglais, que vous retirez votre cautionnement, et que vous ne répondez plus pour moi au maître de la maison. Vous autres quakers, vous ne savez faire les choses qu'à moitié. Mais, puisque vous m'avez fait boire un breuvage si froid, moi qui n'y suis pas habitué le matin, je pense que vous pourriez bien m'offrir un verre d'eau-de-vie, ou d'usquebaugh, ou de... n'importe quoi : je ne suis pas difficile, je bois tout ce qui est bon.

— Pas une goutte à mes dépens, ami, dit Josué ; tu n'es plus jeune ; tu as peut-être à faire un voyage long et fatigant ; tu es mon concitoyen, à ce que je puis voir à ton accent, et je ne te fournirai pas le moyen de déshonorer tes cheveux blancs dans un pays étranger.

— Mes cheveux blancs, messieurs ! dit Pierre Peebles, qui cligna de l'œil en se tournant vers ses voisins, que ce dialogue commençait à amuser, et qui espéraient que ce fou, ce mendiant, cet affamé, car le pauvre Pierre paraissait avoir droit à ces trois titres, leur procurerait quelque divertissement aux dépens du quaker ; — que le Seigneur vous guérisse les yeux, voisin, s'ils ne peuvent distinguer des cheveux blancs d'une perruque d'étoupes !

Cette plaisanterie excita de grands éclats de rire ; mais ce qui fut beaucoup plus agréable à Peebles que des applaudissemens stériles, un homme qui était debout devant lui s'écria : — Père Crackenthorp, envoyez-moi un *nipperkin* (1) d'eau-de-vie. J'en veux faire boire un coup

---

(1) Environ une chopine. — Éd.

à ce brave homme, ne fût-ce que pour le bon mot qu'il vient de dire.

L'eau-de-vie fut apportée par une servante qui remplissait les fonctions de garçon de cabaret, et Pierre, faisant une grimace de satisfaction, emplit un verre, le vida tout d'un trait, et s'écria ensuite : — Que Dieu me pardonne! j'ai été assez malhonnête pour ne pas boire à votre santé. Il faut que ce quaker m'ait ensorcelé avec ses mauvaises manières.

Il allait se verser un second verre, quand son nouvel ami lui arrêta la main, en lui disant en même temps : —Tout doux, l'ami, tout doux! il faut jouer franc jeu; chacun son tour, s'il vous plaît. Et emplissant un verre d'eau-de-vie, il le but comme aurait pu le faire Pierre Peebles.—Que dis-tu de cela, l'ami? demanda-t-il ensuite au quaker.

— Cette liqueur ayant passé par ton gosier, et non par le mien, ami, répondit Josué, je n'ai rien à dire de ce qui ne me regarde pas. Mais, si tu as de l'humanité, tu ne fourniras pas à cette pauvre créature les moyens de s'enivrer. Songe qu'on le jetterait à la porte comme un chien sans maître et sans maison; qu'il pourrait mourir sur les sables ou dans quelque bruyère communale; et, si tu le rendais hors d'état de se servir de sa raison, tu ne serais pas innocent de sa mort.

— Sur ma foi! Large-Bord (1), je crois que tu as raison, et le vieux bonhomme à perruque d'étoupes n'en aura pas davantage. D'ailleurs, nous avons de la besogne aujourd'hui, et ce drôle, quelque fou qu'il paraisse,

(1) Allusion au chapeau à larges bords que portent les quakers.
Ed.

peut avoir un nez au milieu du visage, après tout. — Eh bien, père! comment vous nommez-vous, et par quel hasard vous trouvez-vous dans un cabaret qui n'est pas sur la route ordinaire?

— Je ne suis pas obligé de décliner mon nom, répondit Peebles; et, quant à mon affaire, il reste une goutte d'eau-de-vie dans le pot, et ce serait dommage de la laisser à la fille; ce serait lui donner de mauvaises habitudes.

— Eh bien! vous aurez l'eau-de-vie, et vous vous en irez au diable ensuite, si bon vous semble, pourvu que vous me disiez ce que vous faites ici.

— Je cherche un jeune vaurien d'avocat, nommé Alan Fairford, qui m'a glissé entre les doigts, puisque vous voulez le savoir.

— Un avocat! s'écria le capitaine de la Jenny-la-Sauteuse, car c'était lui qui avait eu compassion de l'aride gosier du vieux plaideur; — que Dieu vous protège, vous vous êtes trompé de rive. Ce n'est pas de ce côté du Solway qu'il faut chercher des avocats : les avocats sont des hommes de loi écossais et non anglais (1).

— Des hommes de loi anglais! s'écria Peebles; du diable s'il y a un seul homme de loi dans toute l'Angleterre!

— Je voudrais de tout mon cœur que cela fût vrai, dit Nanty Ewart. Mais qui diable vous a mis cela dans la tête?

— N'ai-je pas pris un brin d'avis à Carlisle d'un de leurs procureurs? et ne m'a-t-il pas dit qu'il n'y avait

---

(1) On appelle l'avocat *advocate* en Ecosse, et *counsellor* en Angleterre : d'où le quiproquo. — Ed.

pas dans toute l'Angleterre un homme de loi, lui compris, qui fût en état d'entendre l'explication que je lui faisais de mon affaire? Et, quand je lui eus raconté comment j'avais été servi par ce coureur d'avocat, cet Alan Fairford, il me dit que je pouvais en faire un nouvel incident dans mon affaire, comme si elle n'en avait pas déjà autant qu'elle en peut porter. Sur ma foi! c'est une bonne affaire, et elle a bravement porté le poids des sacs de procédure; mais, à force d'entasser des sacs d'orge sur le dos d'un cheval, on lui brise les reins; et elle n'en portera pas davantage de mon consentement.

— Mais cet Alan Fairford? dit Nanty. Allons, buvez cette goutte d'eau-de-vie, et dites-m'en davantage sur son compte. Le cherchez-vous dans de bonnes ou dans de mauvaises intentions?

— Dans de bonnes intentions pour moi, répondit Peebles, bien certainement, et dans de mauvaises pour lui. Pensez seulement! Avoir laissé ma cause sur la paille, moitié perdue, moitié gagnée, afin de venir vagabonder dans le Cumberland pour y chercher un écervelé qu'on nomme Darsie Latimer?

— Darsie Latimer! s'écria vivement M. Geddes. Savez-vous quelque chose de Darsie Latimer?

— Peut-être oui, peut-être non, répondit Pierre Peebles. Je ne suis pas obligé de répondre aux interrogatoires de tout le monde, à moins qu'ils ne me soient faits judiciairement et dans toutes les formes légales; surtout avec des gens qui font tant de bruit d'un verre de bière et d'un doigt d'eau-de-vie. Mais, quant à ce gentilhomme, qui s'est montré gentilhomme en déjeunant, et qui se montrera gentilhomme en dînant, je suis prêt à l'éclairer sur tous les points de la cause qui peuvent lui paraître avoir rapport à la question à juger.

— Tout ce que je désire savoir de vous, mon cher ami, dit Nanty, c'est si vous cherchez M. Alan Fairford pour le servir ou pour lui nuire ; parce que, si c'est pour le servir, je crois pouvoir vous procurer une entrevue avec lui ; et, si c'est pour lui nuire, je prendrai la liberté de vous faire repasser de l'autre côté du Solway, en vous avertissant de ne plus vous charger d'une telle mission, de crainte qu'il ne vous arrive pire.

L'air et le ton d'Ewart firent prendre à Josué Geddes la résolution prudente de garder le silence jusqu'à ce qu'il pût s'assurer d'une manière plus certaine s'il devait trouver en lui de l'assistance ou des obstacles, dans sa recherche de Darsie Latimer. Il se détermina donc à écouter avec attention ce qui se passerait entre le plaideur et le marin, et d'attendre l'occasion de questionner le premier, quand il se serait séparé de sa nouvelle connaissance.

— Je ne voudrais nullement, dit Pierre Peebles, nuire matériellement à ce pauvre garçon de Fairford, qui a reçu de moi maintes bonnes guinées, de même que son père avant lui. Je voudrais seulement le ramener à s'occuper de mes affaires et des siennes ; et peut-être dans ce cas n'exigerais-je de lui d'autres dommages et intérêts (et la demande en est formée) que la restitution des honoraires reçus par lui, et les intérêts des sommes principales qui me sont dues, à compter du jour où j'aurais dû les toucher, c'est-à-dire du jour de la grande plaidoirie. Vous sentez que c'est le moins que je puisse demander *nomine damni* (1); mais je n'ai pas envie de réduire le jeune homme à son dernier plack. Il faut vivre et laisser vivre, pardonner et oublier.

— Ami Grand-Chapeau, dit Nanty Ewart en regardant le quaker, je veux que le diable m'emporte si je sais ce que veut dire ce vieil épouvantail. Si je pensais qu'il fût utile que M. Fairford le vît, c'est une affaire qui pourrait peut-être s'arranger. Connaissez-vous cette vieille perruque? Vous aviez l'air de prendre intérêt à lui tout à l'heure.

— Pas plus que je ne l'aurais fait à tout autre que j'aurais vu dans la détresse, répondit Josué, qui ne fut nullement fâché de se voir interpeller ainsi. Je voudrais tâcher de découvrir qui il est. Mais ne sommes-nous pas un peu trop en public dans cette salle?

— C'est bien pensé, répondit Nanty; et à son ordre la fille les fit entrer dans un petit cabinet pratiqué dans la salle même, mais séparé par une mince cloison à demi-hauteur entre le sol et le plafond. Pierre Peebles les suivit, dans l'espoir qu'ils ne se quitteraient pas sans boire. Mais, à peine s'étaient-ils installés dans leur nouvel appartement, que le son d'un violon se fit entendre dans la salle.

— Je retournerai là-bas, dit Peebles en se levant; j'entends jouer du violon, et jamais il n'y a de musique sans qu'il y ait à boire et à manger.

— Je vais faire venir ici quelque chose, dit le quaker; mais, en attendant, ami, as-tu quelque objection à nous apprendre quel est ton nom?

(1) Pour dommages. — Tr.

— Pas la moindre, si vous voulez boire à ma santé par nom et surnom, répondit Peebles; autrement je décline votre juridiction pour m'interroger.

—Ta santé n'exige pas que tu boives, ami, dit Josué, car tu as déjà bu suffisamment.—Cependant, fille! apportez-nous un *gill* (1) de sherry.

— Le sherry est une boisson bien faible, dit Pierre Peebles; et un gill est une bien petite mesure pour nourrir la conversation entre deux gentilshommes qui s'entretiennent pour la première fois. Mais voyons ce pauvre gill de sherry.

Et en même temps il étendit sa large main pour saisir le petit pot d'étain dans lequel on venait de tirer le vin du tonneau, suivant l'usage.

— Un moment, ami, dit M. Geddes, tu ne nous as pas encore appris tes nom et surnom.

— Le brave quaker est malin, pensa Nanty; il veut lui faire payer son vin avant de le lui donner; et moi, j'aurais été assez fou pour l'enivrer avant de songer à lui faire une question.

— Eh bien! Je me nomme Pierre Peebles, dit le plaideur avec un ton d'humeur, comme s'il eût pensé que ce nom méritait une mesure de vin moins mesquine; et qu'avez-vous à dire à cela?

— Pierre Peebles, répéta Nanty Ewart; et il sembla réfléchir à quelque chose que ce nom rappelait à son souvenir, tandis que le quaker continuait son interrogatoire.

— Mais, dis-moi, Pierre Peebles, tu dois avoir quelque autre désignation. Tu sais que, dans notre pays,

---

(1) Environ une roquille. — Ed.

on distingue les uns par leur profession, comme cordonniers, pêcheurs, tisserands; et les autres, comme les propriétaires de terres, par leurs titres, ce qui sent la vanité mondaine. Or, comment te distingue-t-on de ceux qui peuvent porter le même nom que toi ?

— Comme Pierre Peebles du grand Procès, Pierre Peebles contre Plainstanes. Si je ne suis seigneur d'aucune autre chose, je suis du moins *dominus litis*.

— C'est une pauvre seigneurie, à ce que je crois.

— Voyons, je vous prie, M. Peebles, dit Nanty interrompant brusquement la conversation, n'étiez-vous pas autrefois bourgeois d'Édimbourg ?

— Si je l'étais autrefois ! s'écria Peebles avec indignation ; est-ce que je ne le suis pas encore? Je n'ai rien fait pour perdre ce titre, j'espère. Quand on a été une fois prévôt (1), on est toujours milord.

— Eh bien, monsieur le bourgeois, n'avez-vous pas quelque propriété dans la bonne ville ?

— Sans doute j'en ai; c'est-à-dire, avant mes infortunes, j'avais deux ou trois bonnes petites maisons dans le clos, sans compter ma boutique et l'étage au-dessus, quoique à présent Plainstanes m'ait mis sur le pavé. Mais n'importe, il faudra qu'il me le paie !

— Et n'en aviez-vous pas une dans le Covenant-Close (2) ?

— Vous le dites; et cependant vous n'avez pas l'air d'avoir été un Covenantaire. Eh bien ! nous boirons à sa mémoire. Oh ! ce que c'est qu'une si grande me-

---

(1) Le prévôt d'Edimbourg a le titre de lord. — Éd.

(2) Jeu de mots sur *covenant close*, cour du covenant, et le *Covenant*, acte de foi politique des Têtes-Rondes, etc. — Éd.

sure! Elle est déjà à sec! — Ma maison me rapportait du rez-de-chaussée au grenier, vous pourriez dire quatorze livres de revenu, non compris la cave, qui était louée à la mère Littleworth.

— Et ne vous souvenez-vous pas, dit Nanty presque hors d'état de maîtriser son émotion, que vous aviez pour locataire une pauvre vieille dame, mistress Cantrips de Kittlebaskit?

— Si je m'en souviens! s'écria Pierre Peebles; de par dieu! j'ai de bonnes raisons pour m'en souvenir; car elle m'a fait banqueroute, la vieille folle; et, quand la loi eut fait tout ce qu'elle pouvait pour me faire payer, par voie de saisie, d'exécution de vente, etc., elle se réfugia dans la maison de charité, me devant encore une vingtaine de livres d'Écosse. C'est une honte, une oppression, que cette maison de charité reçoive ainsi des banqueroutiers qui ne peuvent payer leurs honnêtes créanciers.

— Il me semble, ami, dit le quaker, que tes haillons devraient t'apprendre à avoir pitié de la nudité des autres.

— Haillons! répéta Pierre Peebles, prenant à la lettre ce que Josué avait dit dans un sens figuré; un homme sage met-il ses meilleurs habits pour voyager, quand il est exposé à faire compagnie en route de quakers et d'autre bétail semblable?

— Cette vieille dame est morte, à ce que j'ai ouï dire, reprit Nanty, affectant un calme qui démentait sa voix tremblante et agitée.

— Qu'elle soit morte ou en vie, que m'importe? répondit Pierre-le-Cruel. Quel besoin a-t-on de vivre quand on ne vit pas conformément à la loi, et qu'on ne paie pas ses créanciers justes et légitimes?

— Et vous, qui êtes à présent foulé vous-même aux pieds dans le ruisseau, ne regrettez-vous pas ce que vous avez fait? Ne vous repentez-vous pas d'avoir été la cause de la mort de cette pauvre femme?

— De quoi me repentirais-je? la loi était pour moi; un décret des baillis ordonna la saisie et plaça des gardiens, suivit une demande en suspension de poursuites; elles furent déclarées bonnes et valables. J'ai été obligé de traduire la vieille devant deux cours de justice..... Elle m'a coûté plus d'argent que ne valaient ses oreilles.

— De par le ciel! dit Nanty, je donnerais mille guinées, si je les possédais, pour que vous fussiez digne que je misse la main sur vous. Si vous aviez montré quelque repentir, c'eût été une affaire entre Dieu et votre conscience; mais vous entendre vous vanter de votre dureté!..... Pensez-vous donc que ce ne soit rien que d'avoir réduit une vieille femme à la misère et une jeune fille à l'infamie? d'avoir causé la mort de la mère, la ruine de la fille, le désespoir et l'exil d'un homme? De par celui qui m'a créé! je ne sais ce qui me retient que je ne vous...

— Ne me touchez pas! s'écria Peebles; je vous en défie! Je prends cet honnête homme à témoin que, si vous portez seulement la main sur le collet de mon habit, j'aurai une action contre vous pour outrage, violence, voies de fait et guet-apens. Voilà bien du bruit pour une vieille sorcière qui est morte, une jeune drôlesse qui court les rues, et un garnement qui écume la mer au lieu de figurer à une potence!

— Sur mon ame, c'en est trop! s'écria Nanty; et je

vais vous toucher les épaules, puisque c'est sans doute tout ce qui vous reste de sensible.

Il tira son sabre en parlant ainsi, et Josué, qui avait en vain cherché plusieurs fois à interrompre une conversation dont il prévoyait que la fin ne serait pas pacifique, eut beau se jeter à la hâte entre le capitaine courroucé et le vieux plaideur, il ne put empêcher celui-ci de recevoir sur les épaules quelques coups de plat de sabre bien appliqués.

Le pauvre Pierre Peebles, aussi lâche en ce moment de crise qu'il avait montré de hardiesse en s'attirant cette correction, poussa les hauts cris, et s'enfuit à toutes jambes de l'appartement et de la maison, poursuivi par Nanty, dont la colère s'enflammait davantage à mesure qu'il s'y abandonnait, et par Josué, qui continuait à intervenir, à tout risque, criant à Ewart de songer à l'âge et à l'état misérable de celui qui l'avait offensé, et à Peebles de s'arrêter et de se mettre sous sa protection; mais le pauvre Pierre trouva en face de la maison une protection plus efficace que celle du digne quaker.

CHAPITRE XXI.

SUITE DE LA NARRATION DES AVENTURES D'ALAN FAIRFORD.

Nos lecteurs peuvent se rappeler que Fairford, en partant de Fairladies, avait été conduit par Dick au cabaret de Crackenthorp, afin, comme le lui avait dit le mystérieux père Bonaventure, d'avoir l'entrevue qu'il désirait avec M. Redgauntlet, pour traiter avec lui de la liberté de son ami Darsie. Son guide, suivant les ordres spéciaux qu'il avait reçus de M. Ambroise, l'avait introduit dans la maison par une porte de derrière, et avait recommandé à l'hôte de lui donner une chambre particulière, de le traiter avec toute la civilité possible, mais de ne pas le perdre de vue, et même de s'assurer de sa personne s'il avait quelque motif pour le soupçonner d'être un espion; il ne fut cependant soumis à aucune contrainte. On le fit entrer dans un appartement, où on l'invita à attendre l'arrivée de l'individu avec lequel il avait affaire, et qui, comme Crackenthorp l'en assura avec un coup d'œil d'intelligence, ne pouvait manquer de se montrer au plus tard dans une heure. En attendant, le digne cabaretier lui recommanda, avec un autre geste significatif, de ne pas sortir de son appartement, attendu qu'il y avait dans la maison certaines gens qui aimaient à se mêler des affaires des autres.

Alan Fairford suivit ce conseil autant qu'il le jugea à propos; mais lorsque, parmi plusieurs chevaliers, il distingua Redgauntlet, qu'il avait vu sous le nom de M. Herries de Birrenswork, et qu'il reconnut aisément à sa taille, il jugea à propos de descendre devant la porte, dans l'espoir qu'en examinant de plus près ceux qui arrivaient, il pourrait découvrir si son ami Darsie en faisait partie.

Le lecteur sait déjà qu'en agissant ainsi il s'était trouvé à portée d'empêcher la chute que Darsie avait été sur le point de faire en descendant de cheval, quoique le déguisement de son ami et le masque qu'il portait l'eussent empêché de le reconnaître. Il put aussi se rappeler que, tandis que Nixon s'empressait de faire entrer Darsie dans la maison, Hugh Redgauntlet un peu mécontent d'une interruption à laquelle il ne s'attendait pas, et qui lui paraissait venir fort mal à propos, était resté en pourparler avec Fairford. Le jeune avocat lui adressa successivement la parole sous le nom de Herries et sous celui de Redgauntlet; mais le laird ne parut se soucier en ce moment ni de convenir qu'aucun de ces noms fût le sien, ni de reconnaître les traits du jeune avocat, quoique l'air d'indifférence hautaine qu'il affectait ne pût cacher son embarras et son dépit.

— S'il faut que nous fassions connaissance, monsieur, lui dit-il enfin, ce dont je ne vois pas la nécessité surtout dans un moment où je désire plus particulièrement être seul, je dois vous prier de m'apprendre sur-le-champ ce que vous pouvez avoir à me dire, et de me permettre de m'occuper d'affaires plus importantes.

— Cette lettre vous l'apprendra, monsieur, dit Fairford en lui remettant celle de monsieur Maxwell. Quel que soit le nom qu'il vous plaise de prendre en ce moment, je suis convaincu que c'est entre vos mains seules que je dois la remettre.

Redgauntlet tourna la lettre dans sa main, en lut le contenu, regarda une seconde fois l'enveloppe, et dit d'un ton sévère : — Le cachet de cette lettre a été rompu, monsieur. Était-elle en cet état lorsqu'elle fut remise entre vos mains?

Fairford méprisait le mensonge autant que personne au monde, à moins que ce ne fût *par suite d'affaires*, aurait dit le vieux Turnpenny. Il répondit d'une voix ferme et assurée : — Le cachet en était entier lorsque monsieur Maxwell de Summertrees me la remit.

— Et vous avez osé, monsieur, rompre le sceau d'une lettre qui m'était adressée ? dit Redgauntlet, charmé peut-être de trouver l'occasion de lui chercher querelle sur un sujet étranger au contenu de la missive.

Je n'ai jamais rompu le sceau d'une lettre confiée à mes soins, répondit Alan, non par crainte de celui à qui elle peut être adressée, mais par respect pour moi-même.

— C'est fort bien dit; et cependant, monsieur le jeune avocat, je doute que votre délicatesse vous ait empêché de lire cette lettre ou d'en entendre faire la lecture par un autre, après qu'elle a été ouverte.

— J'en ai certainement entendu lire le contenu, monsieur; et il était de nature à me surprendre beaucoup.

— Il me semble, monsieur, que c'est à peu près la même chose, *in foro conscientiæ*, que si vous eussiez rompu le sceau vous-même. Je me regarde comme dispensé d'entrer en plus longue discussion avec un messager si peu digne de confiance. Si votre voyage est inutile, c'est vous-même que vous devez en accuser.

— Un instant, monsieur; sachez que c'est sans mon consentement que j'ai eu connaissance du contenu de cette lettre. Je puis même dire contre mon gré; car M. Bonaventure...

— Qui? demanda Redgauntlet d'un air alarmé et presque égaré; qui venez-vous de nommer?

— Le père Bonaventure, répondit Alan. Un prêtre catholique, à ce que j'imagine, que j'ai vu chez les miss Arthuret, à Fairladies.

— Fairladies! les miss Arthuret! un prêtre catholique! le père Bonaventure! s'écria Redgauntlet, répétant les paroles d'Alan avec l'accent d'une surprise extrême. Est-il possible que la témérité humaine puisse aller jusque-là! Dites-moi la vérité, monsieur, je vous en conjure. J'ai le plus grand intérêt de savoir si ce que vous me dites est autre chose qu'un conte recueilli dans les ouï-dire du pays. Vous êtes homme de loi, et vous savez quel risque court un prêtre catholique que le zèle de ses devoirs amène dans ce pays sanguinaire.

— Oui, je suis homme de loi, répondit Fairford; et c'est parce que j'exerce une profession si respectable dans le monde, qu'on doit être sûr que je ne suis ni un espion ni un délateur. Au surplus, voici une preuve qui vous convaincra que j'ai vu le père Bonaventure.

A ces mots il lui remit la lettre du père, en regardant Redgauntlet avec grande attention, pour juger de l'effet qu'elle produirait sur lui.

— Maudite infatuation! murmura Redgauntlet entre ses dents, pendant que sa physionomie exprimait l'impatience, le mécontentement et l'inquiétude. — Garantissez-moi de l'indiscrétion de mes amis, dit l'Espagnol, et je saurai me garantir moi-même de la malveillance de mes ennemis.

Il lut la lettre très-attentivement, et resta ensuite deux ou trois minutes comme enseveli dans de profondes réflexions, son front soucieux annonçant qu'il méditait quelque projet d'importance. Il fit un signe du doigt à son satellite Cristal Nixon; celui-ci y répondit d'un mouvement de tête, et accompagné de deux hommes de la suite de son maître, il s'approcha de Fairford de manière à lui faire craindre qu'on n'eût dessein de s'emparer de sa personne.

En ce moment on entendit un grand bruit dans la maison, et l'on en vit sortir précipitamment Pierre Peebles, poursuivi par Nanty Ewart le sabre à la main, et par le bon quaker, qui, pour éviter qu'il n'arrivât malheur aux autres, n'hésitait jamais à s'exposer lui-même au danger.

Il serait difficile de se représenter une figure plus étrange et plus ridicule que celle de Pierre Peebles, qui fuyait aussi vite que le lui permettaient ses grosses bottes. Le vieux plaideur semblait un épouvantail destiné à effrayer les oiseaux, doué tout à coup du mouvement; tandis que le sec et maigre Nanty Ewart, pâle comme la mort et les yeux enflammés de la soif de la vengeance, formait un contraste frappant avec l'objet risible de son courroux.

Redgauntlet se jeta sur eux. — Quelle est cette folle extravagance, capitaine? dit-il à Nanty. Rengaînez votre sabre; est-ce le moment de s'amuser à des querelles d'ivrognes? Un tel misérable est-il un antagoniste digne d'un homme de courage?

— Je vous demande pardon, dit le capitaine en remettant son sabre dans le fourreau ; je conviens que je me suis laissé emporter trop loin. Mais pour juger de la manière dont j'ai été provoqué, il faudrait pouvoir lire dans mon cœur, et c'est ce que j'ose à peine faire moi-même. Au surplus, le drôle n'a plus rien à craindre de moi : le ciel a déjà pris soin de nous punir l'un comme l'autre.

Pendant qu'il parlait ainsi, Pierre Peebles, que la crainte avait d'abord porté à se cacher derrière Redgauntlet, commença à reprendre courage. Tirant son protecteur par la manche : — M. Herries, lui dit-il vivement, mais à demi voix, M. Herries, vous m'avez rendu plus qu'un grand service ; mais ; si vous voulez m'en rendre un autre dans ce moment de crise, j'oublierai le baril d'eau-de-vie que vous avez bu chez moi autrefois avec le capitaine sir Harry Redgimlet; vous en aurez ample quittance et décharge; et, quand je vous verrai vous promener sur la place de la Croix à Édimbourg, ou placé à la barre de la cour de justice, on aurait beau me serrer les pouces, qu'on ne me ferait jamais déclarer que je vous ai vu sous les armes, vous savez bien en quelle année.

Tout en faisant cette promesse, il tirait tellement la

manche de Redgauntlet que celui-ci se retourna enfin vers lui.

— Hé bien, idiot! lui dit-il, que me demandez-vous? dites-le-moi en un mot.

— Eh bien, eh bien, répondit Peebles, je vous dirai donc en un mot que j'ai dans ma poche un mandat pour appréhender au corps l'homme que voilà, Alan Fairford de nom, avocat de profession. Je l'ai acheté de maître Nicolas Faggot, greffier de M. le juge de paix Foxley. Il m'a coûté la guinée que vous m'avez fait donner.

— Ah! s'écria Redgauntlet; avez-vous réellement un pareil mandat? montrez-le-moi. Cristal Nixon, veillez à ce que personne ne s'échappe.

Pierre Peebles tira de sa poche un grand porte-feuille de cuir, trop enduit de crasse pour qu'on pût en distinguer la couleur, et rempli de notes, de projets de placets, d'assignations, et Dieu sait de quel autre fatras. Parmi toutes ces pièces précieuses il en choisit une, et la remit entre les mains de M. Redgauntlet, ou Herries. comme il continuait à l'appeler.

— C'est un mandat spécial et légal, lui dit-il en même temps, délivré d'après le serment par moi prêté que ledit Alan Fairford, judiciairement engagé à mon service, avait rompu la courroie, s'était enfui au-delà des frontières, et rôdait dans les environs pour éluder et éviter l'accomplissement de ses devoirs envers moi; ledit mandat par conséquent donne ordre à tous constables, officiers de justice et autres, de chercher, saisir et appréhender au corps ledit Alan Fairford, pour le faire comparaître devant l'honorable juge de paix M. Foxley, le faire interroger et l'envoyer ensuite en prison s'il y a lieu. Or, quoique tout cela soit bien expliqué dans le mandat, comme je vous le dis, où trouverai-je un officier pour le mettre à exécution dans un pays comme celui-ci, où vous ne pouvez ouvrir la bouche sans qu'on tire le sabre contre vous, et où l'on se soucie aussi peu de maintenir la paix du roi George que celle du vieux roi Coul (1)? Voilà cet ivrogne de marin, et ce quaker qui n'aime pas moins à lever le coude, qui m'ont entraîné ce matin dans ce cabaret; eh bien, parce que je n'ai pas voulu leur donner autant d'eau-de-vie qu'il leur en aurait fallu pour les faire tomber ivres morts, ils se sont jetés sur moi tous les deux, et peu s'en est fallu qu'ils ne me fissent un mauvais parti.

Tandis que Pierre Peebles divaguait ainsi, Redgauntlet parcourait des yeux le mandat; et il vit sur-le-champ que c'était un tour joué par maître Nicolas Faggot, pour tirer de ce pauvre insensé la seule guinée qu'il possédât au monde. Mais le juge Foxley avait véritablement signé le mandat, comme il signait tout ce que lui présentait son greffier, et Redgauntlet résolut de profiter de cette circonstance.

Sans faire aucune réponse directe à Pierre Peebles, il s'avança gravement vers Alan Fairford, qui attendait tranquillement la fin d'une scène dans laquelle il n'était pas peu surpris de voir son client, M. Peebles, jouer un des principaux rôles.

— M. Fairford, dit Redgauntlet, il y a bien des raisons qui me détermineraient à céder à la demande, ou plutôt à l'injonction que me fait le digne père Bonaventure, d'avoir une conférence avec vous relativement à

---

(1) Roi fabuleux des *temps héroïques* en Ecosse. — Éd.

la situation actuelle de mon pupille, qui vous est connu sous le nom de Darsie Latimer; mais personne ne sait mieux que vous que l'obéissance aux lois est un devoir que nous devons remplir, quoi qu'il puisse nous en coûter. Or voilà un pauvre homme qui a obtenu un mandat pour vous conduire devant un magistrat, et je crains qu'il ne soit nécessaire que vous vous y soumettiez, quoique cela doive apporter quelque retard à l'affaire que vous pouvez avoir avec moi.

— Un mandat contre moi! s'écria Fairford avec indignation; et à la requête de ce pauvre diable! C'est un tour qu'on lui a joué, rien n'est plus évident.

— Cela est possible, répondit Redgauntlet avec le plus grand calme; sans contredit, vous devez pouvoir en juger. Mais ce que je puis dire, c'est que le mandat me paraît en bonne forme; et, comme le respect pour les lois a été toute ma vie le caractère distinctif de ma conduite, je ne puis me dispenser de donner à un mandat légal le peu d'assistance qui est en mon pouvoir. Lisez-le vous-même, et convainquez-vous que je n'ai trempé pour rien dans cette affaire.

Alan parcourut des yeux le mandat, et la requête sur laquelle il avait été délivré, et il s'écria de nouveau que c'était un tour joué à un pauvre plaideur ignorant, une chose inouïe, et qu'il rendrait responsable des plus hauts dommages et intérêts quiconque oserait mettre à exécution un pareil mandat.

— M. Redgauntlet, ajouta-t-il, je devine aisément les motifs qui vous portent à montrer tant de respect pour un ordre si ridicule; mais soyez assuré que vous apprendrez que, dans ce pays, un acte de violence illégale ne peut ni se justifier, ni se réparer en en commettant un autre. Comme homme d'honneur et de bon sens, vous ne pouvez prétendre que ce mandat soit légal.

— Je ne suis pas homme de loi, monsieur, répondit Redgauntlet; et je ne prétends pas savoir ce qui est légal ou non. Je dis que ce mandat est en bonne forme, et cela me suffit.

— A-t-on jamais entendu parler, s'écria Fairford, de forcer un avocat à retourner à sa tâche, comme un ouvrier des mines de sel ou de charbon qui abandonne sa besogne?

— Je ne vois pas de raison pour agir différemment dans un cas et dans l'autre, dit Redgauntlet d'un ton sec, si ce n'est que le travail de l'avocat est moins utile et mieux payé.

— Il est impossible que vous parliez sérieusement, dit Fairford; impossible que vous vouliez employer un si misérable moyen pour éluder la promesse de sûreté que m'a faite votre ami, votre père spirituel. J'ai pu être fou de m'y fier si facilement; mais songez à ce qu'il faudrait que vous fussiez pour abuser ainsi de ma confiance. Je vous engage aussi à faire attention qu'un pareil traitement me dégage de toute promesse de garder le secret sur ce que je suis porté à considérer comme des menées très-dangereuses, et que...

— Il faut que je vous interrompe par intérêt pour vous-même, M. Fairford, dit Redgauntlet. Prononcez un seul mot qui trahisse ce que vous pouvez avoir vu, ou avoir soupçonné, il est fort probable que votre détention aura une fin très-éloignée ou une fin prochaine; alternative qui ne vous serait pas très-agréable. Dans l'état actuel des choses, vous êtes sûr d'être en liberté d'ici à quelques jours; peut-être beaucoup plus tôt.

— Et mon ami, dit Alan Fairford, mon ami pour l'amour duquel je me suis jeté dans ce danger, que deviendra-t-il? Homme dangereux et perfide, continua-t-il en élevant la voix, je ne me laisserai plus abuser par de trompeuses promesses.

— Je vous donne ma parole d'honneur que votre ami se porte bien, répliqua Redgauntlet. Peut-être même pourrai-je vous permettre de le voir si vous voulez vous soumettre tranquillement à un destin qui est inévitable.

Mais, Alan, sachant qu'il avait d'abord été trahi par Maxwell, et croyant l'avoir été aussi par le père Bonaventure, appela à haute voix tous les fidèles sujets du roi qui pouvaient l'entendre, pour l'aider à se défendre contre la violence dont il était menacé. Il fut à l'instant même saisi par Nixon et ses deux satellites, qui, lui tenant les bras, et lui couvrant la bouche d'une main, cherchaient à l'entraîner vers la maison.

L'honnête quaker, qui s'était tenu un peu à l'écart pendant cette scène, se présenta alors hardiment en face de Redgauntlet.

— Ami, lui dit-il, tu te permets des actes que tu ne pourras jamais justifier. Tu me connais, et tu sais que tu vois en moi un voisin auquel tu as fait grand tort, tandis qu'il vivait près de toi dans l'honnêteté et la simplicité de son cœur.

— Paix, Jonatham! dit Redgauntlet; ne m'adresse pas la parole. Ce n'est ni la subtilité d'un jeune avocat ni la simplicité apparente d'un vieil hypocrite qui peuvent me détourner de mon chemin.

— Sur ma foi! mon général, dit le capitaine de la Jenny, s'avançant alors à son tour, ce n'est pas jouer franc jeu; et je doute que la volonté de mes armateurs puisse me faire prendre part à de tels procédés... Ne caressez pas la poignée de votre lame, mon brave, faites-lui voir le jour tout-à-fait, si vous avez envie d'en découdre. Et, tirant lui-même son sabre du fourreau, il ajouta : — Je ne verrai traiter ainsi ni mon camarade Fairford ni ce vieux quaker... Au diable tous les mandats, faux ou véritables!... Maudits soient les juges de paix!... Que l'enfer confonde les constables!... Et voici le petit Nanty Ewart prêt à soutenir ce qu'il avance contre quiconque voudra se présenter, en dépit de tous les fers à cheval et de tous les cavaliers du monde.

Le cri, au diable tous les mandats! sonnait agréablement aux oreilles de toute la milice du cabaret, dont Nanty Ewart était en quelque sorte le favori. Des garçons d'écurie, des pêcheurs, des marins, des contrebandiers commencèrent à s'attrouper. Crackenthorp chercha en vain à jouer le rôle de médiateur. Les hommes de la suite de Redgauntlet arrivèrent tous le fusil à la main; mais leur maître, leur défendant de s'en servir, tira le sabre à son tour, se précipita avec la rapidité d'un éclair sur Ewart, qui continuait ses bravades, et, d'un seul tour de poignet, lui fit sauter son sabre des mains avec une telle force qu'il tomba à plusieurs pas de lui. Avançant sur lui au même instant, il le poussa assez rudement pour le renverser, et fit voltiger son sabre sur sa tête, pour montrer qu'il était entièrement à sa merci.

— Ivrogne! vagabond! lui dit-il alors, je vous donne la vie, car vous n'êtes pas un méchant homme; c'est fâcheux que vous ayez l'humeur querelleuse avec vos amis... Mais nous connaissons Nanty Ewart, ajouta-t-il en se tournant vers la foule qui les entourait. Son sourire confirmant le pardon qu'il venait d'accorder, et cet acte de clémence, joint à la crainte qu'inspirait sa hardiesse, changeant les dispositions chancelantes de ces esprits grossiers, on entendit crier de toutes parts : — Vive le laird! vive le laird!

Pendant ce temps, le pauvre Nanty, se relevant du sol où il avait été jeté si rudement, alla chercher son sabre, le ramassa, l'essuya, et le remit dans le fourreau en murmurant entre ses dents : — il faut que ce qu'on dit de lui soit vrai... le diable le protégera jusqu'à ce que son heure soit arrivée... Je ne me frotterai plus avec lui.

Et tout en parlant ainsi il s'éloigna peu à peu de la foule, honteux et découragé de sa défaite.

— Quant à toi, Josué, dit Redgauntlet au quaker, qui avait regardé cette scène de violence en levant les yeux et les bras au ciel, je prendrai la liberté de t'arrêter comme perturbateur de la tranquillité publique, ce qui ne convient guère à tes prétendus principes; et nous verrons comment tu seras traité dans une cour de justice et dans la société des amis, comme vous vous appelez, qui ne seront que médiocrement charmés de voir leur hypocrisie démasquée par une conduite aussi violente que la tienne.

— Moi, perturbateur de la tranquillité publique! s'écria Geddes; moi, avoir fait quelque chose de contraire aux principes des Amis! Je te défie de le prouver, homme pervers; et je te défends, comme chrétien, de tourmenter mon ame par de si injustes accusations. Il est assez douloureux pour moi d'avoir été témoin de violences que j'étais dans l'impuissance d'empêcher.

— O Josué, Josué! dit Redgauntlet avec un sourire sardonique, toi la lumière des fidèles de la ville de Dumfries et de sa banlieue! feras-tu une chute honteuse en outrageant la vérité? N'as-tu pas, en notre présence, cherché à t'opposer à l'exécution d'un mandat légal? N'as-tu pas encouragé cet ivrogne à tirer son sabre pour la même cause? N'as-tu pas toi-même levé ton bâton? Penses-tu que ton *oui* ou ton *non* pourront avoir, dans cette affaire, plus de poids que le serment du digne Pierre Peebles, si mal payé de sa confiance; du consciencieux Cristal Nixon; de tous ces hommes d'honneur témoins de cette scène étrange, et qui non-seulement jurent aussi aisément qu'ils changent d'habit, mais pour qui les sermens, en ce qui concerne les douanes, sont littéralement le boire et le manger?

— Je prêterai tout serment requis et nécessaire, dit Pierre Peebles : tout est juste, quand il s'agit d'un serment *ad litem*.

— Vous me faites injustice, dit le quaker sans se laisser déconcerter par les éclats de rire qui partaient de toutes parts à ses dépens. J'ai essayé un acte de violence à l'aide du raisonnement; mais je n'ai encouragé personne à tirer le sabre, et je n'ai pas levé mon bâton de chêne, quoiqu'il soit possible que le vieil Adam, luttant contre moi, me l'ait fait serrer plus fortement que de coutume, quand j'ai vu l'innocence succomber sous l'injustice. Mais à quoi bon te parler de justice et de vérité, toi qui, depuis ta jeunesse, as été un homme de violence? laisse-moi te parler un langage que tu sois en état de comprendre.

Tirant alors Redgauntlet un peu à l'écart de la foule qui les environnait, — Remets ces jeunes gens entre mes mains, dit-il, et non-seulement je renoncerai aux dommages et intérêts considérables que tu me dois pour le tort que tu m'as occasioné sur le Solway, mais je te paierai même une rançon pour eux et pour moi. Quel profit trouveras-tu à commettre une injustice en les retenant en captivité ?

— M. Geddes, répondit Redgauntlet d'un ton plus respectueux que celui qu'il avait employé jusqu'alors en parlant au quaker, votre langage est désintéressé, et je respecte la fidélité de votre amitié. Peut-être nous sommes-nous mépris tous deux sur les principes et les motifs l'un de l'autre ; mais, si cela est, nous n'avons pas le loisir d'entrer en explication en ce moment. Au surplus soyez tranquille ; j'espère faire arriver votre ami Darsie Latimer à une élévation où vous serez charmé de le voir. L'autre jeune homme souffrira quelques jours de détention, peut-être seulement quelques heures. Ce n'est pas plus qu'il ne mérite par sa maladroite intervention dans des affaires qui ne le concernaient pas. Quant à vous, M. Geddes, soyez assez prudent pour remonter à cheval, et éloignez-vous d'ici ; car cet endroit devient de moment en moment moins convenable pour être le séjour d'un homme de paix. Vous pouvez attendre les événemens à Mont-Sharon, dans une sécurité parfaite.

— Ami, répondit Josué, je ne puis suivre ton avis. Je resterai ici même comme ton prisonnier, ainsi que tu m'en menaçais il n'y a qu'un instant, plutôt que d'y laisser, sans être certain de sa sûreté, un jeune homme qui n'est tombé entre tes mains qu'à cause de moi et de mes infortunes. Je ne monterai donc pas sur mon cheval

Salomon, et je ne retournerai pas à Mont-Sharon avant d'avoir vu la fin de cette affaire.

— Vous serez donc prisonnier, dit Redgauntlet ; je n'ai pas le loisir de discuter plus long-temps avec vous. Mais pourquoi donc fixez-vous les yeux avec tant d'attention sur mes gens ?

— Pour dire la vérité, répondit le quaker, je m'émerveillais de voir parmi eux un petit misérable nommé Benjie, à qui je crois que Satan a donné le pouvoir de se transporter partout où il y a du mal à faire, de sorte qu'on peut dire avec vérité qu'il ne se passe pas de méfait dans ce pays sans qu'il y mette le doigt, pour ne pas dire la main tout entière.

L'enfant, qui les vit les yeux fixés sur lui, eut l'air embarrassé, et parut chercher à s'éclipser ; mais, à un signe que lui fit Redgauntlet, il avança en prenant cet air simple et niais dont le petit rusé savait couvrir beaucoup de malice et d'astuce.

— Depuis quand êtes-vous avec mes gens ? lui demanda Redgauntlet.

— Depuis l'affaire des filets sur le Solway, répondit Benjie un doigt dans la bouche.

— Et pourquoi nous avez-vous suivis ?

— Je n'osais rester, de peur des constables.

— Et qu'avez-vous fait pendant tout ce temps ?

— Ce que j'ai fait ?... Je ne sais ce que vous voulez dire ?... Je n'ai rien fait.

Mais voyant à l'air de Redgauntlet qu'il ne fallait pas plaisanter avec lui, il ajouta : — J'étais à la suite de M. Cristal Nixon.

— Oh, oh !... oui-dà !... en vérité ! murmura Redgauntlet entre ses dents... M. Cristal Nixon veut-il donc aussi mettre ses vassaux en campagne?... Cela demande à être examiné.

Il allait continuer ses questions quand Nixon arriva lui-même avec un air d'empressement et d'inquiétude.

— Le père est arrivé, dit Cristal à demi-voix. Tous ces messieurs sont réunis dans le grand salon, et désirent vous voir ; et votre neveu est là-bas faisant tapage comme s'il était à Bedlam.

— Je vais m'occuper de tout cela sur-le-champ, répondit Redgauntlet. Le père est-il logé comme j'en ai donné l'ordre?

Cristal fit un signe affirmatif.

— Voici donc le moment de crise, dit Redgauntlet. Il croisa les bras, leva les yeux vers le ciel, fit un signe de croix ; et après cet acte de dévotion, qui était à peu près le premier qu'on lui eût jamais vu faire, il ordonna à Nixon d'avoir l'œil au guet, de tenir prêts ses chevaux et ses gens à tout événement, de surveiller exactement les prisonniers, mais de les traiter convenablement et avec douceur. Et après avoir donné ses ordres, il entra à la hâte dans la maison.

CHAPITRE XXII.

CONTINUATION DES AVENTURES DE DARSIE LATIMER.

REDGAUNTLET commença par courir à la chambre où était son neveu. Il ouvrit la porte, entra dans l'appartement, et lui demanda la cause de tant de bruit.

— Je veux être libre, s'écria Darsie, dont l'imagination s'était exaltée au point que le courroux de son oncle ne lui inspirait plus de terreur. Je demande ma liberté, et je veux être assuré de la sûreté de mon meilleur ami, d'Alan Fairford, dont j'ai reconnu la voix il n'y a qu'un instant.

— Vous serez en pleine liberté dans une demi-heure, répondit Redgauntlet. Votre ami recouvrera la sienne en temps convenable. Il vous sera même permis d'avoir accès dans le lieu de sa détention.

— Cela ne me satisfait pas, répliqua Darsie ; je veux voir mon ami à l'instant même. Il est ici ; il est en danger, et ce n'est qu'à cause de moi. J'ai entendu de violentes exclamations et un cliquetis de sabres. Vous n'obtiendrez pas de moi la moindre concession avant que mes propres yeux m'aient convaincu qu'il est en sûreté.

— Arthur, mon cher neveu, dit Redgauntlet, ne me faites pas perdre la raison! Votre destinée, celle de votre maison, celle de plusieurs milliers d'hommes, celle de l'Angleterre même, sont en ce moment dans la balance, et vous n'êtes occupé que de la sûreté d'un jeune aboyeur sans importance!

— Il a donc reçu de vous quelque mauvais traitement, s'écria Darsie en élevant la voix encore plus haut; j'en suis sûr! Mais, en ce cas, notre parenté même ne vous protégera pas!

— Paix! fou ingrat et obstiné, dit Redgauntlet. Un instant! serez-vous satisfait si vous voyez cet ami si précieux, cet Alan Fairford, sain et sauf? Vous suffira-t-il de le voir bien portant sans chercher à lui parler et à converser avec lui? En ce cas, prenez mon bras. — Et vous, Lilias, prenez l'autre. — Sir Arthur, prenez garde à la manière dont vous allez vous conduire!

Darsie fut obligé de se contenter de ce qu'on lui accordait, car il savait fort bien que son oncle ne lui permettrait pas d'avoir une entrevue avec un ami dont il avait à craindre que l'influence ne contrariât ses désirs les plus ardens; et il sentait que, jusqu'à un certain point, la certitude que son ami était en sûreté pouvait lui suffire en ce moment.

Redgauntlet leur fit traverser deux corridors, car la maison, comme nous l'avons déjà dit, était fort irrégulière, et avait été construite en plusieurs fois. Enfin ils arrivèrent devant un appartement à la porte duquel était une sentinelle, le mousquet sur l'épaule. La porte en fut ouverte; ils y entrèrent, et ils virent Alan Fairford et le quaker qui semblaient en conversation ensemble.

Ils levèrent les yeux lorsque Redgauntlet et sa compagnie se présentèrent; Alan se leva, ôta son chapeau, et salua avec un air de respect. Lilias le reconnut, et lui fit à son tour une révérence, non sans quelque embarras, provenant sans doute du souvenir de la démarche un peu hardie qu'elle s'était permise en allant lui rendre visite; mais comme elle avait toujours son masque, Fairford ne put la reconnaître.

Darsie mourait d'envie de parler, mais il ne l'osa pas.

Son oncle se borna à dire : — Messieurs, je sais que vous avez autant d'inquiétude pour M. Darsie Latimer qu'il en a pour vous. Il m'a chargé de vous dire qu'il se porte aussi bien que vous-mêmes. J'espère que vous pourrez vous revoir incessamment. En attendant, quoique je ne puisse vous rendre maintenant la liberté, vous serez traités le mieux possible pendant votre détention momentanée.

A ces mots, et sans attendre la réponse que l'avocat et le quaker se préparaient à lui adresser, il leur fit ses adieux d'un geste de la main ; et, traversant l'appartement avec les deux dames, l'une réelle, l'autre supposée, à qui il donnait le bras, il sortit par une porte située à l'autre extrémité, et gardée comme la première.

Redgauntlet les conduisit ensuite dans une très-petite chambre, séparée par une cloison d'un appartement qui paraissait devoir être beaucoup plus grand, car on entendait le bruit de plusieurs personnes en bottes qui s'y promenaient en long et en large, et qui s'entretenaient à demi-voix.

— Ici, dit Redgauntlet à son neveu en le débarrassant de son masque et de son jupon, je vous rends à vous-même; et j'espère qu'en quittant les vêtemens de femme vous allez prendre des sentimens nobles et mâles. Ne rougissez pas d'avoir porté un déguisement auquel des rois et des héros se sont soumis (1). C'est quand l'astuce et la faiblesse d'une femme trouvent accès dans le cœur de l'homme qu'il doit rougir éternellement de les y avoir laissés pénétrer. Suivez-moi; Lilias restera ici. Je vais vous présenter à ceux auxquels j'espère vous voir associé dans la cause la plus glorieuse pour laquelle on ait jamais tiré l'épée.

— Mon oncle, dit Darsie après un instant de réflexion, mon corps est entre vos mains; mais souvenez-vous que ma volonté m'appartient. Rien ne me forcera à prendre à la hâte une résolution importante. Songez à ce que je vous ai dit, à ce que je vous répète, que je ne ferai aucune démarche décisive sans être convaincu.

— Et comment pouvez-vous l'être, jeune insensé, sans entendre, sans comprendre les motifs qui nous font agir? dit Redgauntlet.

En parlant ainsi, il prit Darsie par le bras et le conduisit dans la chambre voisine. C'était un grand salon, ou, pour mieux dire, un magasin dans lequel on voyait des marchandises de différentes espèces, la plupart de contrebande, et où, au milieu des barils et des bal-

---

(1) Charles-Edouard, en 1745, se déguisa en femme, et passa pour la suivante de miss Flora Mac-Donald. — Éd.

lots, se promenaient ou étaient assis plusieurs individus dont l'air et les manières annonçaient des hommes fort au-dessus de la classe à laquelle la simplicité de leur costume aurait pu faire croire qu'ils appartenaient.

Un air d'inquiétude et de gravité sévère semblait imprimé sur toutes leurs physionomies. Quand Redgauntlet arriva, toutes les conversations particulières cessèrent. On le salua avec un cérémonial qui avait quelque chose de mélancolique et de mauvais augure, il se forma un groupe autour de lui. Darsie, en jetant un coup d'œil rapide sur tous ceux qui composaient ce cercle, pensa qu'on ne pouvait distinguer sur leurs fronts que bien peu de traces de cet espoir aventureux qui pousse quelquefois à des entreprises désespérées; et il commença à se flatter que le feu de cette conspiration s'éteindrait de lui-même sans qu'il fût dans la nécessité de se mettre en opposition directe avec un oncle dont le caractère était si violent, et sans courir les risques d'une telle opposition.

Cependant Redgauntlet ne vit ou ne voulut voir parmi ses confédérés aucun signe de découragement; il se présenta à eux d'un air ouvert et riant, et les salua avec cordialité. — Je suis charmé de vous voir ici, lord Hotbrains, dit-il en saluant un grand jeune homme à taille grêle; j'espère que vous arrivez nanti des promesses définitives de votre noble père et de toute votre loyale famille. — Eh bien! sir Richard Glandale, quelles nouvelles dans l'ouest? On m'a dit que vous aviez mis deux cents hommes sur pied pour nous joindre quand nous commençâmes la fatale retraite de Derby (1).

(1) Là où commença le mouvement rétrograde de l'armée écossaise en 1745. — Éd.

Quand le drapeau blanc sera de nouveau déployé, ni la force de ses ennemis, ni la trahison de ses faux amis, ne le feront si aisément retourner en arrière. — Docteur Grumball, je salue le représentant de l'université d'Oxford, de la mère des sciences et de la loyauté (1). — Ah! Pengwinion, aigle du Cornouailles, un bon vent vous a donc poussé vers le nord?—Bonjour, mes braves Cambro-Bretons; quand les Gallois furent-ils jamais les derniers à entendre l'appel de l'honneur?

Tous ces complimens et d'autres semblables, qu'i1 distribuait à la ronde, n'obtinrent d'autre réponse que des salutations silencieuses. Mais, quand il salua un de ses concitoyens, nommé Mac-Kellar, et M. Maxwell de Summertrees, qu'il désigna par le nom de Tête-en-Péril, celui-ci répondit que, si Tête-en-Péril n'était pas un fou, il serait Tête-en-Sûreté; et l'autre, vieillard maigre, portant un habit brodé flétri, lui dit d'un ton sec : — Oui, sur ma foi! Redgauntlet, je suis ici précisément comme vous; ayant peu de chose à perdre. Ils m'ont pris mes biens la première fois, ils me prendront peut-être la vie celle-ci, c'est tout ce que je puis risquer.

Les gentilshommes anglais qui étaient en possession de leurs domaines héréditaires se regardèrent d'un air inquiet en entendant ce propos, et l'un d'eux parla à demi-voix à ses voisins, du renard qui avait perdu sa queue.

Redgauntlet se hâta de leur adresser la parole.

— Milords et messieurs, leur dit-il, je crois pouvoir

---

(1) *Loyalty,* dans le sens souvent indiqué de *loyalisme* ou royalisme, fidélité loyale au prince. L'université d'Oxford passa toujours pour être favorable aux Stuarts; celle de Cambridge était plutôt du parti des Wighs. — ÉD.

expliquer l'espèce de sérieux qui semble régner dans une assemblée réunie pour un si noble projet. Notre nombre paraît trop faible pour pouvoir ébranler une usurpation qu'un demi-siècle a affermie; mais il faut compter, non les individus qui sont ici, mais tous les défenseurs que nous sommes sûrs de procurer à notre cause. Je vois dans cette petite réunion des hommes qui ont assez de crédit pour lever des bataillons; d'autres qui ont assez de fortune pour les soudoyer. Et ne croyez pas que ceux de nos amis que nous ne voyons pas encore parmi nous soient absens par froideur ou par indifférence pour notre cause : donnons une fois le signal, et vous entendrez répondre tous ceux qui conservent de l'attachement pour les Stuarts; tous ceux..... et ils sont encore plus nombreux, qui détestent l'électeur de Hanovre... J'ai ici des lettres de.....

Sir Richard Glendale interrompit l'orateur.

— Nous avons tous la plus grande confiance dans votre valeur et votre expérience, Redgauntlet; nous admirons votre persévérance; et il ne fallait probablement rien de moins que vos efforts constans, que l'émulation excitée par la noblesse et le désintéressement de votre conduite, pour réunir ici les restes épars d'un parti découragé, afin de prendre une délibération solennelle : — Car je présume, messieurs, ajouta-t-il en jetant un regard sur tout le cercle, que nous ne sommes assemblés ici que pour délibérer.

— Rien de plus, dit le jeune lord.

— Pas autre chose, dit le docteur Grumball en secouant sa grosse perruque académique.

— Rien que pour délibérer, s'écrièrent plusieurs autres.

Redgauntlet se mordit les lèvres.

— J'avais espéré, dit-il, que les entretiens que j'ai eus avec chacun de vous de temps en temps avaient donné plus de maturité à nos projets, que vos paroles ne semblent l'annoncer ; j'avais cru que nous étions ici pour exécuter aussi-bien que pour délibérer. Je puis lever cinq cents hommes d'un coup de sifflet.

— Cinq cents hommes! s'écria un des Gallois avec sa prononciation grotesque. Que Dieu nous aide! Et que voulez-vous faire avec cinq cents hommes?

— Ce que l'amorce fait pour le coup de canon, M. Meredith, répondit Redgauntlet. Cette troupe est suffisante pour nous emparer de Carlisle, et vous savez ce que nos amis se sont obligés à faire en pareil cas.

— Sans doute, dit le jeune lord ; mais vous ne devez pas nous presser d'aller trop vite en affaire. Je crois que nous sommes tous aussi sincèrement dévoués à cette cause que vous l'êtes vous-même; mais nous ne nous laisserons pas pousser en avant, un bandeau sur les yeux. Nous nous devons à nous-mêmes, nous devons à nos familles et à ceux qui nous ont chargés de les représenter, d'agir avec prudence en cette occasion.

— Qui vous presse, milord? dit Redgauntlet. Qui vous pousse en avant, un bandeau sur les yeux? Je ne comprends pas ce que veut dire Votre Seigneurie.

— Allons, messieurs, dit sir Richard, ne tombons pas du moins dans la faute qu'on nous reprochait autrefois, de ne pas être d'accord ensemble. Ce que milord veut dire, Redgauntlet, c'est que nous avons entendu dire ce matin qu'il est incertain que vous puissiez mettre sur pied le nombre d'hommes sur lequel vous comptez. Votre compatriote, M. Mac-Kellar, à l'instant où vous êtes entré, semblait douter que les anciens vassaux de votre famille voulussent prendre les armes, à moins que ce ne fût par les ordres de votre neveu.

— Je pourrais demander, répondit Redgauntlet, de quel droit Mac-Kellar, ou qui que ce soit, ose douter que je puisse exécuter ce que j'ai promis de faire ; mais c'est de l'union que dépend notre espoir. Voici mon neveu, messieurs ; je vous présente sir Arthur Darsie Redgauntlet.

— Messieurs, dit Darsie, le cœur palpitant, car ce moment de crise lui était infiniment pénible, je remets à exprimer mes sentimens sur l'objet de cette importante discussion, jusqu'à ce que j'aie entendu les opinions de ceux qui composent cette assemblée.

— Continuez votre délibération, messieurs, dit Redgauntlet ; je donnerai à mon neveu de si bonnes raisons pour en adopter le résultat, qu'elles feront évanouir les scrupules qu'il pourrait avoir conçus.

Le docteur Grumball toussa, secoua sa perruque et prit la parole.

— Les principes de l'université d'Oxford sont bien connus, dit-il, puisqu'elle a été la dernière à se soumettre à l'usurpateur, et qu'elle a condamné, de son autorité souveraine, les dogmes impies, blasphématoires et anarchiques de Locke et de ceux qui, comme lui, ont égaré l'esprit public. Oxford fournira des hommes, de l'argent, et l'appui de tout son crédit, à la cause du monarque légitime ; mais nous avons été bien souvent trompés par des puissances étrangères qui se sont servies de notre zèle pour exciter des dissensions civiles dans la Grande-Bretagne, non pour l'avantage de notre souverain, respecté toujours par nous quoique banni, mais pour faire naître des troubles dont elles pussent profiter, au risque de causer la ruine complète de ceux qui étaient leurs instrumens. Oxford ne se déclarera donc pas, à moins que notre souverain ne vienne en personne réclamer son allégeance; auquel cas, à Dieu ne plaise que nous lui refusions respect et obéissance.

— C'est un fort bon avis, dit M. Meredith.

— Dans le fait, dit sir Richard Glendale, c'est la pierre fondamentale de notre entreprise. C'est à cette seule condition que moi-même et beaucoup d'autres nous avons jamais songé à prendre les armes. Toute insurrection qui n'aura pas pour chef Charles-Édouard en personne, ne saurait durer que le temps nécessaire pour voir arriver une seule compagnie d'infanterie d'Habits-Rouges qui la dispersera.

— Telle est aussi mon opinion, et c'est celle de toute ma famille, dit le jeune lord qui avait déjà parlé. J'avoue même que je suis un peu surpris d'avoir été convoqué à un rendez-vous qui n'est pas sans danger, avant qu'on nous ait fait connaître quelque chose de certain sur ce point préliminaire et de la première importance.

— Pardon, milord, dit Redgauntlet, je n'ai pas été si injuste envers moi-même et envers mes amis. Je n'avais pas le moyen de communiquer à nos confédérés éloignés, sans courir le plus grand risque d'une découverte, ce qui est connu de quelques-uns de mes honorables voisins. Aussi courageux, aussi résolu qu'il était il y a vingt ans, quand il se montra à Moidart, Charles-Édouard s'est rendu sur-le-champ aux désirs de ses fidèles sujets. Charles-Édouard est en Angleterre, Charles-Édouard est dans cette maison. Charles - Édouard n'attend que la décision que vous allez prendre pour recevoir l'hommage de ceux qui se sont toujours dits ses sujets loyaux et fidèles. Si quelqu'un veut maintenant changer d'avis et de parti, il faut qu'il le fasse sous les yeux mêmes de son souverain.

Quelques momens de profond silence s'ensuivirent. Ceux des conspirateurs que l'habitude ou le désir de se montrer d'accord avec eux-mêmes avait entraînés dans ce complot dangereux s'aperçurent alors avec terreur que la retraite leur était coupée ; et d'autres, à qui cette entreprise, vue de loin, avait paru offrir toute apparence de réussite, tremblaient qu'elle n'échouât, en voyant arriver si inopinément l'instant inévitable de l'exécuter.

— Eh bien! milords, eh bien! messieurs, est-ce la joie qui vous rend silencieux? Est-ce là l'accueil empressé que vous devez faire à votre roi légitime, qui confie sa personne une seconde fois au zèle et à l'affection de ses sujets, sans en être détourné par les privations de toute espèce, et par les dangers sans nombre qui ont accompagné sa première expédition? J'espère qu'il n'y a pas ici un seul gentilhomme qui hésite à réitérer, en présence de son souverain, la promesse de fidélité qui lui a été faite en son absence?

— Du moins, dit le jeune lord d'un ton déterminé, et en portant la main sur son épée, ce n'est pas moi qui serai coupable de cette lâcheté. Si Charles est sur le sol anglais, je serai le premier à lui dire qu'il y est le bienvenu, et à dévouer à son service ma vie et ma fortune.

—Sur mon Dieu! dit M. Meredith, je ne vois pas que M. Redgauntlet nous ait laissé autre chose à faire.

— Un moment, dit Summertrees, il y a encore une question à poser. N'a-t-il pas amené avec lui quelques-uns de ces fanfarons irlandais qui ont perdu notre glorieuse entreprise en 1745?

— Pas un seul, répondit Redgauntlet.

— Je me flatte, dit le docteur Grumball, qu'il n'est pas accompagné de prêtres catholiques. Ce n'est pas que je veuille gêner la liberté de conscience de mon souverain; mais, comme fils indigne de l'église anglicane, il est de mon devoir de veiller à sa sûreté.

—Le roi n'a ni un chien ni un chat papistes, pour aboyer ou miauler autour de lui, dit Redgauntlet; le vieux Shaftesbury lui-même ne pourrait désirer plus de garanties que n'en donnera Sa Majesté contre le papisme, qui pourtant n'est peut-être pas la plus mauvaise religion du monde. — Eh bien! messieurs, y a-t-il encore d'autres questions? Peut-on découvrir quelque autre motif plausible pour différer l'exécution de notre devoir, l'accomplissement de nos sermens et de nos engagemens? Sa Majesté attend votre décision. Sur ma foi! l'accueil que votre roi reçoit de ses sujets est un peu à la glace.

— Redgauntlet, dit sir Richard Glendale avec calme, vos reproches ne me forceront à rien faire que ma raison désapprouve. Personne ne peut douter que je n'aie autant de respect pour mes engagemens que vous pour les vôtres, puisque je suis ici disposé à les sceller de tout mon sang; mais est-il bien vrai que le roi soit venu ici tout-à-fait sans suite?

— Il n'a pas un homme avec lui, à l'exception d'un jeune aide-de-camp et d'un valet de chambre.

— Pas *un homme?* mais sur votre honneur, Redgauntlet, n'a-t-il pas de femme avec lui?

Redgauntlet baissa les yeux, et répondit : — Je suis fâché d'être obligé de le dire, il en a une.

Tous les conspirateurs se regardèrent les uns après les autres, et il y eut un instant de silence. Enfin sir Richard prit la parole.

— Je n'ai pas besoin de vous répéter, M. Redgauntlet, quelle est l'opinion bien fondée des amis de Sa Majesté relativement à cette malheureuse liaison. Il n'y a parmi nous qu'un sentiment, qu'une opinion à ce sujet, et je dois croire que vous avez communiqué au roi nos humbles remontrances.

— Dans des termes aussi forts que ceux que vous aviez employés, messieurs, répondit Redgauntlet. J'ai plus de zèle pour la cause du roi que de crainte de son déplaisir.

— Et il paraît que nos humbles représentations n'ont produit aucun effet, reprit sir Richard. Cette dame, qui s'est insinuée dans son cœur, a une sœur à la cour de l'électeur d'Hanovre; et cependant le roi n'a pas de secrets pour elle, et nous sommes assurés qu'il lui confie nos communications les plus importantes.

— *Varium et mutabile semper fœmina* (1), dit le docteur Grumball.

— Elle met ses secrets dans son sac à ouvrage, et les laisse envoler quand elle l'ouvre, dit Maxwell. S'il faut

---

(1) La femme est toujours changeante et différente d'elle-même.
Éd.

que je sois pendu, je voudrais que ce fût avec une meilleure corde que le ruban d'une...

— Et vous aussi, Maxwell, dit Redgauntlet à demi-voix, vous voulez donc manquer à votre foi ?

— Non, sur mon honneur ! répondit Summertrees : je suis prêt à me battre ; gagnera la bataille qui pourra. Mais être trahi par une femme comme cette !...

— De la modération, messieurs, dit Redgauntlet ; la faiblesse dont vous vous plaignez si amèrement a toujours été celle des rois et des héros ; et je ne doute nullement que le roi ne la surmonte, à l'humble prière de ses plus fidèles serviteurs, quand il les verra prêts à risquer pour lui leur vie et leur fortune, sans autre condition que de le voir renoncer à la société d'une favorite dont j'ai lieu de croire qu'il est lui-même las depuis quelque temps. Mais, malgré nos bonnes intentions, prenons garde de le presser avec un zèle trop inconsidéré. Il a une volonté royale, comme cela convient à son auguste naissance ; et nous qui sommes royalistes, messieurs, nous devons être les derniers à vouloir profiter des circonstances pour en limiter l'exercice. Je suis aussi surpris et aussi fâché que vous pouvez l'être qu'il l'ait prise pour compagne de voyage, augmentant par là les chances de découverte et de trahison ; mais n'insistons pas sur un sacrifice si humiliant, quand le roi a mis à peine un pied sur les rivages de son royaume. Agissons généreusement envers notre souverain ; et quand nous aurons montré ce que nous pouvons faire pour sa cause, nous aurons meilleure grace à lui exposer quelles sont les concessions que nous désirons obtenir de lui.

— Ma foi, dit Mac-Kellar, tant de braves gens ayant

tant fait de se réunir, il me semble que ce serait dommage qu'ils se séparassent sans seulement faire briller la lame d'un sabre.

— Je serais de l'avis de monsieur, dit lord Hotbrains (1), si je n'avais à risquer que ma vie. Mais j'avouerai franchement que les conditions auxquelles ma famille avait promis son adhésion à cette entreprise n'ayant pas été remplie, je ne ferai pas dépendre la fortune et la destinée de notre maison de la fidélité incertaine d'une femme artificieuse.

— Je suis fâché, dit Redgauntlet, de voir Votre Seigneurie suivre une marche plus propre à assurer la fortune de sa maison qu'à ajouter à son honneur.

— Comment dois-je interpréter ce langage, monsieur? demanda le jeune lord avec hauteur.

— Allons, messieurs, allons, dit le docteur Grumball, point de querelles entre amis. Nous sommes tous animés du même zèle; mais, en vérité, quoique je sache quelle licence se permettent les grands sur ce point, et que je ne sois pas, j'espère, trop sévère à cet égard, j'ose dire qu'il y a une sorte de manque de décorum dans un prince qui, venant réclamer l'allégeance de l'Église anglicane, arrive en pareille compagnie : *Si non castè, cautè tamen* (2).

— Je ne sais, dit Redgauntlet, comment il se fait que l'Église anglicane attache tant d'importance à...

Sir Richard Glendale l'interrompit, et prit la parole

---

(1) C'est ici un de ces noms significatifs que les romanciers aiment, en Angleterre surtout, à donner à leurs personnages d'invention. *Hot-Brains*, Tête-Ardente. — Éd

(2) Sinon chastement, du moins avec prudence. — Tr.

en homme qui pense que son crédit et son expérience doivent lui donner du poids.

— Le moment ne nous permet pas d'hésiter, dit-il ; il est grandement temps que nous décidions quelle marche nous devons suivre. Je sens tout aussi bien que vous, M. Redgauntlet, toute la délicatesse que nous devons mettre à capituler avec notre souverain, dans la position où il se trouve ; mais je dois penser aussi à la ruine totale de notre cause, aux sentences de mort et de confiscation contre ceux qui l'auront embrassée, que peut occasioner l'infatuation du roi. Oui, c'est à quoi peut nous conduire sa liaison avec une femme qui reçoit une pension du ministère actuel, comme elle en recevait une auparavant de sir Robert Walpole. Que Sa Majesté la renvoie sur le continent, et le sabre sur lequel je mets la main sortira du fourreau à l'instant, ainsi que plusieurs centaines d'autres, comme je l'espère.

Des marques d'acquiescement unanime suivirent le discours de sir Richard Glendale.

— Je vois, messieurs, dit Redgauntlet, que vous avez pris votre résolution. Je ne puis dire qu'elle me paraisse la plus sage, parce que je crois qu'en employant des procédés plus doux et plus généreux, vous auriez plus probablement obtenu une concession que je regarde comme aussi désirable que vous. Mais que feriez-vous si Charles Édouard, avec l'inflexibilité de son aïeul, vous refuse votre demande ? Avez-vous dessein de l'abandonner à sa destinée ?

— A Dieu ne plaise ! s'écria Richard ; et que le ciel vous pardonne, M. Redgauntlet, d'avoir laisser voir le jour à une telle pensée ! Non sans doute ! du moins, avec tout respect et toute humilité, je le reconduirai jusqu'à son navire, je le défendrai au péril de ma vie, contre quiconque pourrait l'attaquer. Mais, quand je l'aurai vu mettre à la voile, mon premier soin sera de veiller à ma sûreté en me retirant chez moi; ou, si je vois que l'affaire s'est ébruitée, comme cela n'est que trop vraisemblable, je me livrerai moi-même au plus prochain juge de paix, et je donnerai toute garantie que je vivrai dorénavant en paix, soumis aux autorités actuelles.

Tous ceux qui l'écoutaient témoignèrent encore que cette opinion était aussi la leur.

— Fort bien, messieurs, dit Redgauntlet; il ne m'appartient pas de m'opposer à la volonté générale; et je dois vous rendre la justice de dire que le roi en cette occasion a négligé de remplir une condition de votre traité avec lui, condition qui lui avait été soumise en termes très-distincts. La question maintenant est de savoir qui ira l'informer du résultat de notre conférence; car je ne présume pas que vous vouliez vous rendre en corps près de lui, pour lui demander, comme le prix de votre allégeance, le renvoi d'une femme d'auprès de sa personne.

— Je crois que c'est à M. Redgauntlet à lui donner cette explication, dit le jeune lord. Comme c'est lui qui a été chargé de mettre nos remontrances sous les yeux du roi, personne ne peut lui faire sentir avec plus de force les conséquences naturelles et inévitables que doit entraîner le peu d'égard qu'il y a eu.

— Et moi, dit Redgauntlet, je pense que ceux qui ont élevé l'objection doivent se charger de la faire valoir. D'ailleurs je suis convaincu qu'il ne faudra rien moins que le témoignage direct de l'héritier de la noble et loyale maison de B —, pour que Sa Majesté puisse croire qu'il est le premier à chercher un prétexte pour se dispenser de tenir ses promesses.

— Un prétexte! répéta lord B — avec vivacité. J'ai déjà eu besoin de beaucoup de patience avec vous, monsieur; mais je ne puis en avoir davantage. Honorez-moi un instant de votre compagnie sur les Dunes.

Redgauntlet sourit dédaigneusement, et il allait suivre le jeune homme impétueux, quand sir Richard les arrêta.

— Allons-nous donc montrer les derniers symptômes de la dissolution de notre parti, leur dit-il, en tournant nos épées les uns contre les autres? Un peu de patience, milord. Dans des conférences comme celle-ci, on doit passer bien des choses qui, en toute autre circonstance, exigeraient une explication; dans une assemblée de parti, on doit jouir du même privilège que dans le parlement. Il est impossible de peser chaque mot qu'on emploie. Messieurs, si vous voulez m'accorder votre confiance, je me rendrai près de Sa Majesté, et j'espère que lord B — et M. Redgauntlet m'accompagneront. Je me flatte que cet incident désagréable s'expliquera d'une manière satisfaisante, et que rien ne nous empêchera plus de rendre à Sa Majesté un hommage sans réserve. Je serai alors le premier à risquer, pour sa juste querelle, ma vie et tout ce que je possède.

Redgauntlet s'avança vers son antagoniste. — Milord, lui dit-il, si un zèle ardent m'a fait dire quelque chose qui vous ait offensé le moins du monde, je voudrais ne l'avoir pas dit, et je vous en demande pardon. C'est tout ce que peut faire un gentilhomme.

— Je n'en aurais pas tant exigé de M. Redgauntlet, dit le jeune lord en prenant la main qui lui était offerte : il est peut-être le seul homme au monde de qui je puisse souffrir un reproche sans éprouver un sentiment de dégradation.

— Permettez-moi donc d'espérer, milord, dit Redgauntlet, que vous vous rendrez près du roi avec sir Richard et moi. Votre vivacité échauffera notre zèle, et notre sang-froid modèrera le vôtre.

Le jeune lord sourit en secouant la tête.

— Hélas! M. Redgauntlet, dit-il, je rougis de dire qu'en fait de zèle vous nous surpassez tous. Cependant je ne refuserai pas cette mission, pourvu que vous permettiez à votre neveu, sir Arthur, de nous accompagner aussi.

— Mon neveu! dit Redgauntlet paraissant hésiter. Mais il ajouta sur-le-champ : — Très-certainement. — Je me flatte, continua-t-il en jetant les yeux sur Darsie, qu'il portera des sentimens convenables en présence de son prince.

Darsie crut pourtant remarquer que son oncle aurait préféré ne pas l'emmener avec lui, s'il n'eût craint de le laisser pendant son absence au milieu de confédérés chancelans, dont l'irrésolution pouvait exercer sur lui quelque influence, ou peut-être même se laisser influencer par ses opinions.

— Je vais donc demander une audience à Sa Majesté, dit Redgauntlet en sortant.

Son absence ne dura que quelques instans, et lorsqu'il reparut, sans prononcer un seul mot, il fit un signe à ceux qui devaient l'accompagner. Le jeune lord, sir Richard Glendale et Darsie sortirent de l'appartement; et Redgauntlet, les laissant passer avant lui, marcha à leur suite.

Après avoir traversé un petit corridor et monté quelques marches, ils arrivèrent à la porte de l'appartement qui était la salle d'audience dans laquelle le royal proscrit devait recevoir leurs hommages. Elle formait l'étage supérieur d'une de ces chaumières qu'on avait ajoutées à l'ancienne maison. L'ameublement en était mesquin, couvert de poussière et en désordre; car, quelque téméraires que fussent les aventuriers, ils avaient eu assez de prudence pour ne pas attirer l'attention des étrangers, en faisant des préparatifs pour recevoir le prince plus convenablement. Charles était assis quand les députés, comme on peut les nommer, du reste de ses adhérens, se présentèrent; et, lorsqu'il se leva lui-même pour les recevoir et leur rendre leur salut, ce fut avec une dignité qui, faisant oublier l'absence de toute pompe extérieure, changeait un misérable grenier en un salon digne d'un monarque.

Il est inutile d'ajouter que c'était le même personnage déjà connu à nos lecteurs sous le nom de père Bonaventure, par lequel on le désignait à Fairladies. Son costume était le même que celui sous lequel on l'a vu précédemment, si ce n'est qu'il avait en outre une grande redingote de camelot, sous laquelle il portait une excellente épée, au lieu de sa petite rapière, et une paire de pistolets.

Redgauntlet lui présenta successivement le jeune lord, et son neveu sir Arthur Darsie Redgauntlet, qui, saluant le prince et lui baisant la main, trembla en se voyant forcé par les circonstances à faire ce qui pouvait paraître un acte de haute trahison, dont pourtant il ne voyait aucun moyen de se dispenser sans danger.

Sir Richard Glendale paraissait être personnellement connu de Charles-Édouard, qui le reçut avec un mélange d'affection et de dignité, et qui parut attendri en voyant des larmes briller dans les yeux du vieux chevalier, tandis que celui-ci lui disait que Sa Majesté était la bienvenue dans son royaume.

— Oui, mon bon sir Richard, lui dit l'infortuné prince d'un ton mélancolique, mais résolu ; Charles-Édouard est encore une fois au milieu de ses fidèles amis. Non pas peut-être avec ces brillantes espérances qui faisaient jadis disparaître toute idée de danger, mais avec le même mépris de tout ce qui peut lui arriver de pire, en réclamant ses droits et ceux de son pays.

— Je suis charmé, Sire, et cependant, hélas ! répondit sir Richard, je dois dire aussi que je suis fâché de vous revoir encore une fois sur le sol britannique. Mais il n'en put dire davantage, le trouble des sentimens qui se combattaient dans son cœur lui coupant la parole.

— L'appel de mon peuple fidèle et souffrant, dit Charles-Édouard, pouvait seul me déterminer à tirer l'épée encore une fois. Quant à ce qui me concerne, sir Richard, j'avais compté combien d'amis loyaux et dévoués avaient péri par le fer et la proscription, ou étaient morts dans l'indigence et l'oubli en pays étranger, et j'avais bien des fois juré qu'aucune vue d'intérêt personnel ne me porterait jamais à réclamer de nouveau un titre qui avait coûté si cher à mes partisans. Mais puisque tant d'hommes d'honneur pensent que la cause de l'Angleterre et de l'Écosse est liée à celle de Charles

Stuart, je dois suivre leur exemple intrépide, et laissant de côté toute autre considération, me mettre encore une fois à leur tête pour en être le libérateur. Je suis donc venu ici sur votre invitation; et, comme l'état actuel des choses, auquel mon absence m'a nécessairement rendu étranger, doit vous être parfaitement connu, je ne puis être qu'un instrument entre les mains de mes amis. Je sais que je ne puis me confier à des cœurs plus loyaux, à des têtes plus sages que Redgauntlet, Herries, et sir Richard Glendale; donnez-moi donc vos avis sur ce que nous devons faire, et décidez du destin de Charles-Édouard.

Redgauntlet regarda sir Richard, comme s'il eût voulu lui dire : — Est-il possible qu'en un pareil moment, vous puissiez imposer des conditions, et exiger des concessions désagréables? Mais le vieux chevalier baissa les yeux en secouant la tête, comme si sa résolution était inébranlable, et qu'il sentît pourtant combien la situation était pénible et embarrassante.

Il y eut un instant de silence, que le représentant d'une malheureuse dynastie interrompit avec une sorte d'impatience.

— Cette conduite est étrange, messieurs, dit-il. Vous m'avez fait quitter le sein de ma famille pour venir me mettre à la tête d'une entreprise dangereuse, et dont le succès est incertain; et, quand je suis arrivé, vous semblez encore dans l'irrésolution? C'est à quoi je ne devais pas m'attendre de la part de deux hommes comme vous, messieurs.

— Quant à moi, Sire, s'écria Redgauntlet, l'acier de mon épée n'est pas mieux trempé que ma résolution n'est invariable.

— J'en puis dire autant pour milord et pour moi, dit Richard ; mais vous aviez été chargé, M. Redgauntlet, de soumettre à Sa Majesté nos remontrances, concernant certaines conditions auxquelles nous.....

— J'ai rempli mon devoir envers Sa Majesté et envers vous, dit Redgauntlet.

— Je ne connais aucune condition, messieurs, dit Charles-Édouard avec une dignité vraiment royale, si ce n'est celle qui m'appelait ici pour faire valoir mes droits en personne. Je l'ai remplie, à quelque risque que ce fût. Me voici pour tenir ma parole, et j'attends que vous teniez la vôtre.

— S'il plaît à Votre Majesté, reprit sir Richard, il y avait, ou il devait y avoir quelque chose de plus dans nos propositions. Une condition y était jointe.

— Je ne l'ai pas vue, dit Charles-Édouard en l'interrompant. Par affection pour les nobles cœurs dont j'ai une si haute idée, je n'ai voulu ni voir, ni lire rien qui pût diminuer l'estime et l'amitié que j'ai pour eux. Il ne peut y avoir de conditions entre le prince et le sujet.

— Sire, dit Redgauntlet en fléchissant un genou devant lui, je vois sur le visage de sir Richard qu'il pense que c'est ma faute si Votre Majesté semble ignorer ce que vos sujets m'avaient chargé de vous communiquer. Pour l'amour du ciel, par égard pour mes services passés, pour toutes mes souffrances, ne laissez pas cette tache sur mon honneur. La pièce D, dont voici une copie fidèle, avait rapport au sujet pénible sur lequel sir Richard appelle votre attention.

— Messieurs, dit le prince en rougissant, vous rappelez à ma mémoire des souvenirs que j'aurais voulu en bannir, parce que je les regardais comme injurieux à votre caractère. Je ne supposais pas que mes sujets loyaux auraient eu de moi une assez pauvre idée pour croire que la situation dans laquelle je me trouve leur donnait le droit de jeter un regard curieux sur mon intérieur, et pour imposer à leur roi des conditions relativement à des objets dont le plus obscur de ses sujets n'a de compte à rendre qu'à lui-même. Dans les affaires qui concernent l'état et la politique, je me laisserai toujours guider, comme c'est le devoir d'un prince, par les avis de mes sages conseillers; dans celles qui ont rapport à mes affaires privées et à mes arrangemens domestiques, je réclame la même liberté que j'accorde à tous mes sujets, et sans laquelle la couronne royale serait moins précieuse que le bonnet d'un mendiant.

— S'il plaît à Votre Majesté, dit sir Richard Glendale, je vois qu'il faut que ce soit moi qui lui fasse entendre des vérités que je voudrais pouvoir me dispenser de lui dire; mais croyez que je ne le fais qu'avec autant de regret que de respect. Il est vrai que nous vous avons invité à venir vous mettre à la tête d'une grande entreprise, et que Votre Majesté, préférant l'honneur à sa sûreté, l'amour de son pays à sa propre tranquillité, a daigné consentir à devenir notre chef; mais nous avons aussi indiqué comme une démarche préliminaire, nécessaire et indispensable à l'achèvement de nos projets, et, il faut que je le dise, comme une condition positive de nos engagemens, qu'une personne qu'on suppose, je ne prendrai pas sur moi de dire si c'est avec vérité, jouir de la confiance la plus intime de Votre Majesté, et regardée, je ne dirai pas comme absolument convaincue, mais comme fortement soupçonnée d'être capable de trahir cette confiance en faveur de l'électeur de Hanovre, fût éloignée de votre maison et de votre personne.

— C'est trop d'insolence, sir Richard! s'écria Charles-Édouard : avez-vous donc voulu m'attirer en votre pouvoir pour me traiter de cette manière? Et vous, Redgauntlet, pourquoi avez-vous souffert que les choses en vinssent à ce point sans m'instruire plus clairement des insultes qu'on me réservait?

— Mon gracieux souverain, répondit Redgauntlet, le seul blâme qui puisse s'attacher à moi en cette affaire, c'est que je n'ai pas cru qu'un obstacle aussi léger que la société d'une femme pût réellement arrêter la marche d'une si grande entreprise. Je suis franc, Sire, et je ne sais parler qu'avec franchise. Cinq minutes avant cette entrevue, j'étais encore bien fermement convaincu, ou que sir Richard et ses amis cesseraient d'insister sur une condition aussi désagréable à Votre Majesté, ou que Votre Majesté sacrifierait ce malheureux attachement aux bons avis ou même aux soupçons trop inquiets de tant de sujets fidèles. Je ne voyais dans toute cette affaire aucune difficulté qui ne pût se briser comme une toile d'araignée.

— Vous vous trompiez, monsieur, reprit le prince; vous vous trompiez complètement, comme vous vous trompez encore en ce moment, en croyant que mon refus de céder à une proposition insolente a pour cause une passion puérile et romanesque pour une femme. Je vous dis, monsieur, que je pourrais m'en séparer demain sans un instant de regret; que j'ai déjà songé à l'éloigner de ma cour pour raisons à moi connues; mais que je ne renoncerai jamais à mes droits comme souverain et comme homme, en prenant ce parti pour m'assurer les bonnes graces de qui que ce soit, ou pour acheter cette allégeance qui, si vous me la devez, ne m'est due que par droit de naissance.

— J'en ai beaucoup de regret, dit Redgauntlet; j'espère que Votre Majesté et sir Richard feront de nouvelles réflexions, ou s'abstiendront de discuter ce sujet dans une conjoncture si critique. Je me flatte que Votre Majesté n'oubliera pas qu'elle se trouve en pays ennemi ; que nos préparatifs n'ont pu être faits avec assez de secret pour qu'il nous soit possible maintenant de faire retraite sans danger. C'est même avec la plus vive inquiétude que je prévois des périls pour votre personne royale, si vous ne donnez généreusement à vos sujets la satisfaction que sir Richard semble croire qu'ils s'opiniâtreront à demander.

— Et vous avez raison d'être inquiet, dit Charles-Édouard. Est-ce dans ces circonstances de danger personnel que vous espérez vaincre une résolution fondée sur le sentiment intime de ce qui m'est dû comme prince et comme homme? Si je voyais la hache et l'échafaud préparés devant les fenêtres de White-Hall, je terminerais mes jours comme mon bisaïeul, plutôt que de faire la moindre concession aux dépens de mon honneur.

Il prononça ces mots d'un ton déterminé, et jeta les yeux sur ceux qui l'entouraient, et qui tous avaient l'air confus et consterné, à l'exception de Darsie, qui croyait voir dans la résolution du prince une heureuse fin de la plus dangereuse aventure. Sir Richard prit enfin la parole d'un ton solennel et mélancolique.

— S'il ne s'agissait en cette affaire, dit-il, que de la sûreté du pauvre Richard Glendale, je n'ai jamais estimé assez ma vie pour ne pas toujours être prêt à la sacrifier pour le service de Votre Majesté; mais je ne suis qu'un messager, un fondé de pouvoirs qui doit s'acquitter de sa mission, et contre qui mille voix s'élèveront s'il ne le fait pas avec fidélité. Tous vos amis, et Redgauntlet lui-même, voient la ruine de cette entreprise, les plus grands dangers pour la personne de Votre Majesté, l'entière destruction de votre parti, s'ils n'insistent pas sur la concession que malheureusement Votre Majesté est si peu disposée à faire. Je le dis avec un cœur plein d'angoisses, et presque incapable d'énoncer mes émotions; mais il faut la dire, cette fatale vérité: si votre bonté royale ne peut nous accorder une faveur que nous regardons comme nécessaire à notre sûreté et à celle de Votre Majesté, vous désarmez d'un seul mot dix mille hommes prêts à tirer l'épée pour votre service, ou, pour parler plus clairement, vous anéantissez jusqu'à l'ombre du parti des Stuarts dans la Grande-Bretagne.

— Et que n'ajoutez-vous, dit Charles-Édouard avec un air dédaigneux, que les hommes qui sont prêts à prendre les armes pour moi achèteront de l'électeur le pardon d'un tel crime, en me livrant au sort que tant de proclamations m'ont annoncé? Portez ma tête au palais de Saint-James, messieurs; vous y serez bien reçus, et vous agirez plus honorablement que lorsque, après m'avoir attiré dans une situation qui me met si complètement en votre pouvoir, vous vous déshonorez par des propositions qui me déshonorent.

— Juste ciel, Sire, s'écria Richard, joignant les mains dans un accès d'impatience, de quel crime inexpiable les ancêtres de Votre Majesté peuvent-ils donc s'être rendus coupables, puisque Dieu les punit en frappant d'aveuglement toute leur génération (1)! Venez, milord; allons rejoindre nos amis.

— Avec votre permission, sir Richard, répondit le jeune lord B —, ce ne sera pas avant que nous sachions quelles mesures on peut prendre pour la sûreté personnelle de Sa Majesté.

— Ne vous inquiétez pas de moi, jeune homme, dit le prince. Quand j'étais au milieu de brigands montagnards, de voleurs de bestiaux, j'étais plus en sûreté que je ne le suis en ce moment parmi les représentans des plus nobles familles d'Angleterre. — Adieu, messieurs; je veillerai moi-même à ma sûreté.

— Cela ne peut pas être, Sire, s'écria Redgauntlet; c'est moi qui vous ai conduit dans ce danger, c'est à moi à assurer du moins votre retraite.

A ces mots il sortit à la hâte, suivi de son neveu. Le prince errant (2) reprit la place qu'il occupait lors de leur arrivée, et détourna les yeux pour ne pas voir sir Richard et le jeune lord, qui, debout à l'autre extrémité de l'appartement, conversaient à voix basse avec un air d'inquiétude.

(1) Cette phrase fut adressée en effet à Charles-Edouard par Mac-Namara, au sujet du refus que fit ce prince de renvoyer sa maîtresse, mistress Walkenshaw. Toute cette scène semble avoir été fondée sur un récit à peu près authentique du docteur King, dans ses mémoires secrets publiés en 1819. Sir Walter Scott a seulement changé le lieu de la scène, et substitué de nouveaux personnages. Nous avons dans la Notice fait la part de ce qui appartient ici à l'histoire, et de ce qui a été modifié ou inventé par l'auteur.
Éd.

(2) *The Wanderer*. — Éd.

CHAPITRE XXIII.

CONTINUATION DE LA NARRATION.

Lorsque Redgauntlet, l'esprit fort agité, eut quitté la chambre où il laissait le Prétendant, la première personne qu'il rencontra sur l'escalier fut son satellite Cristal Nixon. Il était même si près de l'appartement, que Darsie ne put s'empêcher de soupçonner qu'il écoutait à la porte.

— Que diable faites-vous ici? lui demanda-t-il d'un ton brusque et sévère.

— J'attends vos ordres, répondit Nixon. Excusez mon zèle; j'espère que tout va bien?

— Tout va mal, monsieur. Où est ce capitaine contrebandier... Ewart... comment le nommez-vous?

—Nanty Ewart, monsieur; je lui porterai vos ordres.

— Je les lui donnerai moi-même; faites-le venir sur-le-champ.

— Est-ce que votre Honneur quitte le roi? demanda Nixon, semblant hésiter.

— Corbleu! monsieur, me répliquez-vous? s'écria Redgauntlet en fronçant les sourcils : je fais mes affaires moi-même, monsieur, et j'apprends que vous faites les vôtres par un substitut en guenilles.

Cristal partit sans répondre davantage, ayant l'air un peu décontenancé, à ce qu'il parut à Darsie.

— Ce coquin met bien de la lenteur et de l'insolence dans son service, dit Redgauntlet; mais il faut que je le souffre pendant quelque temps,

Un moment après, Nixon revint avec Ewart.

— Est-ce là ce drôle de contrebandier? demanda Redgauntlet.

Nixon fit un signe affirmatif.

— Est-il dégrisé? Il faisait le tapageur, tout à l'heure.

— Assez dégrisé pour faire sa besogne, répondit Nixon.

— Eh bien donc, écoutez-moi, Ewart, dit Redgauntlet : mettez vos meilleurs marins sur votre chaloupe, et qu'elle se tienne au bout de la jetée; faites passer sur votre brick tout le reste de votre équipage. Si vous avez une cargaison, jetez-la à la mer pour alléger le navire : on vous en paiera cinq fois la valeur ; et tenez-vous prêt à mettre à la voile pour le pays de Galles ou pour les Hébrides, peut-être pour la Suède ou la Norwège.

— Suffit, monsieur, suffit, répondit Ewart d'un ton assez bourru.

— Suivez-le, Nixon, dit Redgauntlet, faisant un effort sur lui-même pour parler avec une apparence de cordialité au serviteur dont il était mécontent, et veillez à ce qu'il exécute mes ordres.

Ewart sortit du cabaret avec un air d'humeur. Il était alors dans cette espèce d'ivresse qui le rendait bourru, fâcheux et colère, sans qu'il le montrât autrement que par sa susceptibilité irritable. Tout en s'avançant vers le rivage, il se parlait à lui-même, à demi-voix, mais assez haut pour que Nixon, qui le suivait, n'en perdît pas un mot.

— Drôle de contrebandier !... oui, je suis contrebandier... et jetez votre cargaison à la mer, et soyez prêt à partir pour les Hébrides ou pour la Suède... ou pour le diable, je suppose... Fort bien !... et si je lui disais en réponse : — Rebelle !... jacobite !... traître ! vous et vos confédérés d'enfer, je vous verrai figurer au bout d'une corde.... J'y ai vu des gens qui valaient mieux.... une dixaine dans une matinée seulement, quand je croisais sous la ligne.

— Oui, oui, lui dit Nixon, Redgauntlet vient de vous parler en termes diablement durs !

— Que voulez-vous dire ? dit Ewart en tressaillant et en sortant de sa distraction ; est-ce que j'ai repris mon ancien métier de penser tout haut ?

— Ne craignez rien, répondit Nixon, vous n'avez été entendu que par un ami. Je savais que vous ne pouviez avoir oublié la manière dont Redgauntlet vous a désarmé ce matin.

— Ce n'est pas que j'en aie conservé de la rancune ; mais malédiction ! il est si orgueilleux et si insolent...!

— Et puis je sais que vous êtes protestant de tout cœur.

— Sans contredit, je le suis : les Espagnols n'ont jamais pu m'arracher ma religion de l'ame.

— Et ami du roi George et de la succession au trône

dans la ligne hanovrienne, continua Nixon, marchant à pas lents, et parlant à demi-voix.

— Vous pouvez en faire serment, si ce n'est *par suite d'affaires*, comme dit Turnpenny. Oui, j'aime le roi George; mais je n'ai pas le moyen de lui payer les droits.

— Vous êtes hors la loi, je pense?

— Le croyez-vous? Ma foi! je le crois aussi. Eh bien! j'aimerais mieux être dans la loi, si j'en avais le choix. Mais marchons plus vite; il faut exécuter les ordres de monsieur l'absolu.

— Je vous apprendrai à faire quelque chose de mieux. Il y a là-bas une meute de chiens rebelles.

— Oh! nous savons cela. Mais la boule de neige commence à se fondre, à ce qu'il me semble.

— Il s'y trouve un homme dont la tête vaut... trente... mille... livres... sterling! dit Nixon, en faisant une pause entre chacun de ces mots, pour appuyer davantage sur la valeur de la somme.

— Et que dois-je faire? dit Eward avec vivacité.

— Une bagatelle. Si, au lieu d'attendre au bout de la jetée avec votre chaloupe, vous voulez la reconduire à votre brick sur-le-champ, et n'avoir aucun égard aux signaux qu'on pourra vous faire du rivage, Nanty Ewart, de par Dieu! je vous rendrai riche pour toute votre vie.

— Oh, oh! tous ces jacobites ne sont donc pas aussi en sûreté qu'ils se l'imaginent?

— Ils y seront dans une heure ou deux, dans le château de Carlisle.

— Du diable! Et c'est vous qui les avez dénoncés?

— Oui. J'ai été mal payé des services que j'ai rendus aux Redgauntlets; j'en ai à peine reçu les gages d'un chien; j'ai été traité par eux plus mal que chien ne l'a jamais été. Mais je tiens dans la même trappe le vieux renard et les deux renardeaux ; et nous verrons quelle figure fera maintenant une certaine jeune personne. Vous voyez que je vous parle avec franchise, Nanty.

— Et je vous parlerai aussi franchement, répondit le contrebandier. Vous êtes un damné traître, traître à l'homme dont vous mangez le pain ! Moi, aider à trahir de pauvres diables ! moi qui ai été si souvent trahi moi-même ! je n'en ferais rien quand il se trouverait parmi eux cent papes, cent diables et cent Prétendans. Je vais retourner pour les avertir de leur danger. Il y en a qui font partie de ma cargaison : c'est une marchandise régulièrement comprise dans ma facture de chargement, j'en suis responsable envers mes armateurs; oui, je vais retourner.

— Êtes-vous tout-à-fait fou ? dit Cristal, qui reconnut qu'il avait fait un faux calcul en supposant que les idées bizarres d'honneur et de fidélité du contrebandier céderaient à son ressentiment, à son zèle pour le protestantisme, et à l'intérêt. Vous ne retournerez pas, capitaine : tout cela n'est qu'une plaisanterie.

— Je retournerai, je veux voir si cette plaisanterie fera rire Redgauntlet.

— C'est fait de ma vie, si vous le faites, dit Nixon; écoutez la raison.

Ils étaient alors dans un massif de grands genêts, à peu près à mi-chemin de la jetée et du cabaret, mais non en ligne directe, Nixon, dont l'objet était de gagner du temps, en ayant fait dévier Nanty peu à peu.

Cristal vit alors la nécessité de prendre une résolution désespérée. — Écoutez la raison, vous dis-je, répéta-t-il. Et Nanty persistant à vouloir retourner vers le cabaret : — Écoutez du moins ceci, s'écria-t-il en lui tirant, à bout portant, un coup de pistolet au travers du corps.

Ewart chancela, mais sans tomber encore. — J'ai l'épine du dos cassée, dit-il, vous m'avez rendu le dernier service ; mais je ne mourrai pas en ingrat.

A ces mots, recueillant toutes les forces qui lui restaient, il s'affermit sur ses pieds, tira son sabre, le saisit des deux mains, et le fit tomber sur la tête de Nixon. Ce coup, porté avec toute l'énergie d'un homme désespéré, fut plus terrible qu'on n'aurait pu le croire dans l'état où se trouvait Nanty. Le chapeau de Nixon fut fendu, quoique doublé à l'intérieur d'une calotte de fer, et le sabre, entrant profondément dans le crâne, se rompit par la violence du coup, et y laissa un fragment de sa lame.

Un des marins du lougre, qui rôdait dans les environs, fut attiré par l'explosion, quoiqu'elle n'eût pas été bien forte, Nixon n'ayant qu'un pistolet de poche, et il trouva ces deux malheureux étendus par terre et déjà morts. Ce spectacle l'alarma ; car le hasard voulant qu'il ne connût pas Nixon, il crut que cet événement était la suite d'un combat entre son capitaine et quelque officier des douanes. En conséquence il courut promptement à la chaloupe pour engager ses camarades à se mettre en sûreté en allant rejoindre le brick, et pour s'éloigner avec eux.

Pendant ce temps, Redgauntlet qui, comme on l'a déjà vu, avait fait partir Cristal Nixon pour assurer des moyens de retraite au malheureux Charles, en cas d'extrémité, retourna dans l'appartement où il avait laissé le prince, et l'y trouva seul.

— Richard Glendale et son jeune ami, dit ce prince abandonné, sont allés consulter ceux qui les avaient députés vers moi. Redgauntlet, mon ami, je ne vous fais pas un reproche de la situation dans laquelle je me trouve, quoique je sois livré en même temps au danger et au mépris. Mais vous auriez dû appuyer plus fortement sur l'importance que ces messieurs attachaient à leur insolente demande. Vous auriez dû me dire qu'aucun compromis à cet égard ne pouvait avoir lieu ; qu'ils voulaient un prince, non pour les gouverner, mais sur lequel au contraire ils puissent, en toute occasion, exercer telle contrainte que bon leur semblerait, depuis les affaires d'état les plus importantes jusqu'aux moindres détails de sa conduite privée, quoique ce soit un objet pour lequel les hommes même du rang le plus ordinaire ne souffrent aucune intervention.

— Dieu m'est témoin, répondit Redgauntlet avec la plus grande agitation, que j'ai agi pour le mieux quand j'ai pressé Votre Majesté de se rendre ici. Jamais je n'avais pensé que, dans une telle crise et quand il s'agissait d'un royaume, Votre Majesté hésiterait à sacrifier un attachement qui.....

— Paix, monsieur ! dit Charles, il ne vous appartient pas de juger des causes de ma détermination à cet égard.

Redgauntlet rougit, et s'inclina respectueusement.— Du moins, reprit-il, j'espérais qu'on pourrait trouver quelque moyen terme : et on en trouvera ; il faut qu'on en trouve. Suivez-moi, mon neveu ; je vais rejoindre ces messieurs ; et j'espère rapporter de meilleures nouvelles.

— Je ferai beaucoup pour les satisfaire, Redgauntlet, dit le prince. Après avoir remis le pied sur le territoire britannique, il m'en coûterait de le quitter sans avoir rien fait pour mes droits. Mais ce qu'ils me demandent serait une dégradation, et il m'est impossible d'y consentir.

Redgauntlet, suivi par son neveu, involontairement spectateur de cette scène extraordinaire, quitta encore une fois l'illustre aventurier. Au haut de l'escalier, il rencontra Joé Crackenthorp.

— Où sont ces messieurs? lui demanda-t-il.

— Dans la caserne à l'ouest, répondit Joé. Mais, M. Ingoldsby, — c'était sous ce nom que Redgauntlet était le plus généralement connu dans le Cumberland, — je vous cherchais pour vous dire qu'il faut que je mette tout ce monde dans une seule chambre.

— Quel monde? demanda Redgauntlet avec impatience.

— Eh! tous ces prisonniers sur lesquels vous avez chargé Cristal Nixon de veiller, répondit Crackenthorp. Dieu merci! la maison est assez grande; mais nous ne pouvons y avoir des casemates séparées comme à Newgate et à Bedlam. D'un côté il y a un fou de mendiant qui prétend qu'il sera un homme d'importance quand il aura gagné un procès; Dieu le protège! D'un autre, c'est un quaker et un avocat qui ont fait du tapage. Par ma foi! une clef et une serrure doivent suffire pour les garder tous; car la maison est pleine, et vous avez fait partir Nixon, qui aurait pu donner un coup de main dans cette confusion. Qu'ont-ils besoin d'avoir chacun une chambre, quand ils ne demandent ni à boire ni à manger? à l'exception du vieux fou, qui ne se laisserait manquer de rien si on voulait qui croire ; mais il n'a pas un penny pour payer l'écot.

— Fais-en ce que tu voudras, dit Redgauntlet, qui l'avait écouté avec impatience ; pourvu que tu les empêches de sortir et de jeter l'alarme dans le pays, peu m'importe.

— Un quaker et un avocat ! dit Darsie. Il faut que ce soit Fairford et Geddes. Mon oncle, souffrez que je vous demande...

— Mon neveu, s'écria Redgauntlet, ce n'est pas le moment de me rien demander. D'ici à une heure vous déciderez vous-même de leur destin. Personne n'a de mauvaises intentions contre eux.

Tout en parlant ainsi, il avançait à grands pas vers l'endroit où les jacobites étaient encore à délibérer, et Darsie le suivit, dans l'espoir que l'obstacle qui s'était élevé à l'exécution de leur entreprise audacieuse serait insurmontable, et lui épargnerait la nécessité d'en venir à une rupture ouverte et dangereuse avec son oncle.

La discussion était alors fort chaude parmi les conspirateurs. Les plus entreprenans, c'est-à-dire ceux qui n'avaient guère que la vie à perdre, insistaient pour qu'à tout risque on levât l'étendard de la révolte ; les autres, qui s'étaient mis en avant par un sentiment d'honneur et par la honte de désavouer des principes qu'ils avaient professés si long-temps, n'étaient peut-être pas fâchés d'avoir un prétexte spécieux pour renoncer à une aventure à laquelle ils avaient pris part avec plus de répugnance que de zèle.

Cependant Joé Crackenthorp, profitant de la permission que Redgauntlet, dans sa précipitation, lui avait accordée, se hâta de réunir dans un seul appartement tous ceux qu'on avait cru nécessaire de mettre en détention temporaire; et, sans s'inquiéter beaucoup des convenances, il choisit à cet effet la chambre où Lilias avait été laissée par son oncle, comme on l'a vu plus haut. La porte avait une bonne serrure; les gonds en étaient solides; et telles furent sans doute les raisons qui la lui firent choisir comme le lieu le plus sûr.

Ce fut là que Joé, sans beaucoup de cérémonie, mais avec beaucoup de bruit, conduisit le quaker et l'avocat qui lui expliquaient, chemin faisant, le premier l'immoralité, le second l'illégalité d'une telle conduite. Il y poussa ensuite, presque la tête la première, le malheureux plaideur, qui, ayant fait quelque résistance à la porte, et ayant en conséquence reçu une forte impulsion du bras vigoureux du père Crackenthorp, se précipita, comme un bélier menaçant de ses cornes, vers le fond de l'appartement; et le chapeau perché sur le haut de sa perruque d'étoupes aurait fait une connaissance intime avec le visage de miss Redgauntlet, si l'honnête quaker ne l'eût arrêté dans sa course, en le saisissant au collet et en le forçant de rester immobile.

— Ami, lui dit Josué avec ce véritable savoir-vivre que l'on trouve si souvent sans le secours du cérémonial des formes d'étiquette, tu n'es pas une compagnie convenable pour cette jeune personne. Tu vois qu'elle est déjà effrayée de nous avoir vus introduits si brusquement dans cette chambre; et, quoique ce ne soit pas notre faute, il convient que nous agissions à son égard avec civilité. Viens avec moi près de cette fenêtre, et je te dirai des choses qu'il t'importe de savoir.

— Et pourquoi ne pourrais-je parler à cette jeune dame? dit Pierre Peebles, qui était alors entre deux vins. Croyez-vous que ce soit la première fois que j'aie parlé à des dames? Pourquoi aurait-elle peur de moi? Je ne suis pas un esprit, je vous en réponds. Ne me tirez donc pas ainsi par mon habit; vous le déchirerez, et vous me forcerez à intenter une action contre vous pour que vous m'entreteniez vêtu et couvert, *sartum et tectum*, à vos dépens.

Malgré cette menace, M. Geddes, aussi vigoureux que sain de tête et phlegmatique, entraîna le pauvre Pierre, qui sentait qu'il ne pouvait lui opposer une résistance efficace, à l'autre extrémité de l'appartement, où le plaçant, bon gré mal gré, sur une chaise, il s'assit près de lui, et l'empêcha ainsi d'interrompre la jeune dame qu'il semblait avoir résolu de faire jouir des agrémens de sa société.

Si Pierre Peebles avait reconnu sur-le-champ son avocat, il est probable que le bon quaker aurait trouvé beaucoup plus difficile de le maintenir en repos; mais Fairford avait le dos tourné du côté de son client. Sa vue d'ailleurs était un peu trouble, grace à la bière, au vin et à l'eau-de-vie, dont il avait bu une bonne dose; et il fut bientôt occupé à contempler une demi-couronne que Josué tenait entre l'index et le pouce, lui disant en même temps: — Ami, tu es indigent, et tu n'as pas de prévoyance. Ceci, bien employé, te procurera de quoi soutenir la nature pendant plus d'une journée, et je te le donnerai si tu veux rester ici tranquille et me tenir compagnie; car ni toi ni moi, ami, nous ne sommes une société convenable pour des dames.

—Parlez pour vous, l'ami, répondit Peebles avec mépris. Quant à moi, j'ai toujours été connu pour être agréable au beau sexe; et, quand j'étais dans le commerce, je servais les dames avec bien plus de décorum que Plainstanes, le gauche coquin qu'il est. Ce fut même une de nos causes d'altercation.

— Fort bien, ami, dit le quaker, qui remarqua que Lilias jetait de temps en temps les yeux sur Pierre Peebles avec un air de crainte; mais je voudrais t'entendre parler de ton grand procès, qui a fait tant de bruit dans le monde.

— Tant de bruit! Vous pouvez bien le dire, s'écria Peebles; car Josué venait de toucher une corde toujours en vibration dans l'imagination exaltée du vieux plaideur. — Et je ne m'étonne pas que ceux qui jugent des choses par leur importance extérieure soient quelquefois tentés de me porter envie. Il est bien vrai que c'est une belle chose que de faire retentir sous les voûtes de l'antichambre de la cour de justice, — Pierre Peebles contre Plainstanes, — et de voir les meilleurs hommes de loi d'Écosse courir aussitôt comme des aigles sur leur proie, les uns parce qu'ils doivent plaider dans l'affaire, les autres pour faire croire qu'ils vont plaider; car on met de la finesse dans d'autres métiers que la mercerie; — et les journalistes taillant leurs plumes pour prendre des notes des plaidoyers! et les juges s'asseyant sur leurs chaises comme des gens qui vont faire un bon dîner, et criant à leurs clercs de leur passer telle et telle pièce du procès, tandis que ceux-ci, pauvres diables, ne peuvent faire autre chose que de les demander, à leur tour, aux hommes de loi. — Voir tout cela, continua Peebles avec un ton d'enthousiasme, — et savoir que tous ces grands personnages ne diront rien, ne feront rien, peut-être pendant trois heures, que pour s'occuper de vous et de vos affaires ! Qui serait surpris d'entendre appeler cela une gloire ? Et cependant, voisin, comme je le disais, il y a des momens de rabat-joie. Je songe quelquefois à ma maison, où je voyais arriver le déjeuner, le dîner, le souper, comme si les fées l'eussent apporté, sans que j'eusse besoin de le demander. Je pense au bon lit que je trouvais le soir ; à mon gousset qui était toujours garni : et aujourd'hui voir tout ce qu'on possède au monde suspendu en l'air dans une balance qui tantôt monte, tantôt descend, suivant que le juge ou l'avocat parlent pour le demandeur ou le défendeur !..... En vérité, voisin, il y a des momens où je regrette d'avoir jamais commencé ce grand procès; ce que vous aurez sans doute peine à croire, vu le renom et la célébrité qu'il m'a valus.

— Ami, dit Josué en soupirant, je suis charmé que tu aies trouvé dans une altercation judiciaire quelque chose qui puisse t'indemniser de la faim et de la pauvreté ; mais je crois que, si l'on considérait d'aussi près les autres objets de l'ambition humaine, on reconnaîtrait que les avantages qu'ils offrent sont aussi chimériques que ceux de ton long procès.

— Ne vous inquiétez pas, l'ami, répondit Pierre, je vais vous démontrer la situation exacte du procès, ou, pour mieux dire, de mes procès, et vous faire sentir que je suis maintenant en état de mener mes adversaires du bout du doigt, pourvu que je puisse mettre le doigt et le pouce sur cet avocat saute-les-fossés, Alan Fairford.

Alan avait remarqué dans la jeune dame, qui avait encore conservé son masque, un air d'inquiétude; il venait de lui adresser la parole pour la tranquilliser, et l'assurer qu'elle n'avait rien à craindre, quand son nom, qu'il entendit prononcer à haute voix, attira son attention. Il tourna la tête, et, reconnaissant Pierre Peebles, il se hâta de reprendre sa première attitude, pour éviter d'en être aperçu. Il ne lui fut pas difficile d'y réussir, car le vieux plaideur était entièrement occupé de son entretien avec un des plus respectables auditeurs dont il eût jamais pu se faire écouter.

Ce mouvement de tête, quoiqu'il n'eût duré qu'un instant, valut à Fairford un avantage inattendu; car, pendant qu'il se détournait, miss Lilias, je ne saurais deviner pourquoi, prit ce moment pour arranger son masque, et elle le fit si maladroitement, que, lorsqu'il reporta les yeux sur elle, Alan vit assez de ses traits pour reconnaître sa belle cliente. Il se crut alors doublement autorisé à lui faire offre de tous les services qu'il pourrait lui rendre, et il le fit avec la hardiesse d'une ancienne connaissance.

Miss Redgauntlet ôta alors son masque, et laissa voir la rougeur de ses joues.

— M. Fairford, lui dit-elle d'une voix à peine intelligible, vous avez la réputation d'être un jeune homme généreux et sensé, mais vous m'avez vue dans une situation que vous avez dû trouver bien singulière, et la hardiesse de ma démarche pourrait en faire juger défavorablement si elle n'avait son excuse dans les plus tendres affections de cœur.

— L'intérêt qu'inspire mon ami Darsie, dit Fairford en faisant un pas en arrière, et d'un ton un peu contraint, me donne un double droit à offrir mes services à..... il s'arrêta.

— A sa sœur, vous voulez dire, reprit Lilias.

— A sa sœur! répéta Fairford dans le plus grand étonnement; sa sœur d'affection, sans doute?

— Non, monsieur, répondit Lilias : mon cher Darsie et moi nous sommes unis par les liens du sang; et je ne suis pas fâchée d'être la première à annoncer cette nouvelle à son meilleur ami.

Il fut impossible à Fairford, dans ce premier moment de surprise, de penser à autre chose qu'à l'aveu contenu dans les lettres de Darsie sur la violente passion que lui avait inspirée la belle inconnue. — Grand Dieu! s'écria-t-il, comment a-t-il supporté cette découverte?

— Avec résignation, j'espère, dit Lilias en souriant. Il aurait pu trouver aisément une sœur plus accomplie, mais il lui aurait été difficile d'en trouver une qui lui fût plus attachée.

— Je veux dire... je voulais seulement dire... s'écria le jeune avocat, dont la présence d'esprit fut un instant en défaut, — c'est-à-dire je désirais vous demander où est maintenant Darsie.

— Dans cette maison, répondit Lilias, et sous la tutelle de son oncle, que vous avez vu, je crois, chez M. votre père, sous le nom de M. Herries de Birrenswork.

— Il faut que je voie Darsie, dit Fairford; je l'ai cherché à travers les difficultés et les dangers; il faut que je le voie à l'instant même.

— Vous oubliez que vous êtes prisonnier.

— Il n'est que trop vrai! mais ma détention ne peut être bien longue; le prétexte en est trop ridicule.

— Hélas! notre destin, celui de mon frère et le mien du moins, dépendent des délibérations qui seront prises peut-être d'ici à une heure. Quant à vous, monsieur, je crois fermement que vous n'avez rien à craindre qu'une détention momentanée. Mon oncle n'est ni cruel ni injuste, quoique peu de personnes portent aussi loin le zèle pour la cause qu'il a embrassée.

— Cause qui est celle du Prétend...

— Pour l'amour du ciel! parlez plus bas, s'écria Lilias en avançant involontairement la main vers lui, comme si elle eût voulu lui fermer la bouche. Vous ne savez pas, vous ne pouvez savoir combien est terrible la situation dans laquelle nous sommes en ce moment, et que je crains que vous ne partagiez par suite de votre amitié pour mon frère.

— Il est très-vrai, répondit Fairford, que je ne sais pas très-précisément dans quelle position nous nous trouvons; mais quelques dangers qu'elle puisse offrir, je ne craindrai pas de les affronter pour en garantir mon ami, — et, ajouta-t-il avec plus de timidité, la sœur de mon ami. Qu'il me soit donc permis d'espérer que ma présence pourra lui être de quelque utilité. — Et pour qu'elle puisse le lui devenir, qu'elle daigne m'accorder une confiance que je sens que je n'ai aucun autre droit de lui demander.

Tout en parlant ainsi, il la conduisit vers l'embrasure de la croisée la plus écartée, et, lui ayant dit qu'il était malheureusement exposé à être interrompu par le vieux fou qu'elle avait vu entrer avec une sorte de frayeur, il plaça sur le dossier de deux chaises le grand jupon qui, après avoir servi au déguisement de Darsie, était resté dans cette chambre. Il forma ainsi une espèce de paravent, derrière lequel il s'assit avec la belle à la Mante Verte. Puisqu'il pouvait enfin laisser renaître des sentimens que l'amitié l'avait porté à étouffer dès leur naissance, une telle nouvelle était presque une compensation du danger qu'il pouvait courir.

La situation relative de deux personnes dont l'une conseille et l'autre est conseillée, dont l'une protège et l'autre est protégée, est si particulièrement adaptée à la condition respective de l'homme et de la femme, que souvent il ne faut alors que bien peu de temps pour voir naître une intimité parfaite, car de pareilles circonstances obligent l'homme à s'armer de confiance, et la femme à se dépouiller d'une réserve trop timide; de sorte que les barrières qui s'opposent ordinairement à un épanchement franc et cordial sont renversées tout à coup.

Alan et Lilias, placés autant qu'il était possible à l'abri des observations, causaient, assis dans un coin, à voix basse; et, pour pouvoir s'entendre, ils étaient obligés de s'approcher de si près, que leurs visages se touchaient presque. Fairford apprit de Lilias, en abrégé, l'histoire de la famille de Redgauntlet, et surtout celle de son oncle, les vues qu'il avait eues sur Darsie, et la crainte mortelle qu'elle avait encore qu'en ce moment même il ne réussît à engager son neveu dans quelque projet désespéré qui pût compromettre sa fortune et peut-être sa vie.

L'esprit actif et intelligent de Fairford établit sur-le-champ une liaison entre ce qu'il venait d'entendre et ce qu'il avait vu à Fairladies. Sa première pensée fut d'essayer, à tout risque, de s'échapper à l'instant, et de se procurer des secours suffisans pour étouffer, dès le berceau, une conspiration si dangereuse. Cette entreprise ne lui parut pas très-difficile. A la vérité, la porte était gardée à l'extérieur ; mais la fenêtre n'était qu'à dix pieds du sol, et elle donnait sur une prairie couverte d'une grande quantité de genêts. Il croyait donc pouvoir aisément se mettre en liberté par ce moyen, et après y avoir réussi pouvoir aussi facilement cacher sa fuite.

Mais Lilias se récria contre ce projet. Son oncle, lui dit-elle, était un homme qui, dans ses momens d'exaltation, ne connaissait ni la crainte ni les remords. Il était capable de punir Darsie des mauvais services qu'il pourrait soupçonner Fairford de lui avoir rendus. D'ailleurs elle était sa nièce, elle avait toujours été traitée avec bonté par lui, et elle conjura Alan de ne rien faire, même pour Darsie, qui pût mettre en danger la vie de Redgauntlet.

Fairford lui-même, se rappelant le père Bonaventure, ne douta guère que ce ne fût un des fils de l'ancien chevalier de Saint-George ; et, par un sentiment qu'il serait bien dur de blâmer, quoiqu'il fût en contradiction avec ses devoirs comme citoyen, son cœur se révolta à l'idée de devenir l'instrument qui porterait le dernier coup à l'unique rejeton d'une longue race de princes écossais (1). Il songea alors à chercher à obtenir une audience de ce personnage mystérieux, pour tâcher de lui faire comprendre combien il était peu probable qu'il réussît dans une pareille entreprise, ce que l'ardeur de ses partisans pouvait bien lui avoir caché, pensait-il. Mais à peine avait-il formé ce projet, qu'il l'abandonna ; car il ne douta pas que les lumières qu'il pourrait donner sur la situation de l'Angleterre ne vins-

(1) Il semble que malgré lui l'auteur reconnaît ici qu'il plaide pour la *légitimité* de ceux qui n'étaient plus *légitimes*. — Éd.

sent trop tard pour être utiles à un homme qui, comme on le disait généralement, avait sa bonne part de l'obstination héréditaire de tout temps si fatale à ses ancêtres, et qui, en tirant l'épée, devait avoir jeté le fourreau bien loin de lui.

Lilias suggéra l'avis qui, parmi tous les autres, semblait le plus convenable à la circonstance : c'était d'épier avec soin le premier moment de liberté dont Darsie pourrait jouir, de tâcher d'ouvrir une communication avec lui, et de saisir la première occasion favorable pour fuir tous trois ensemble, ce qu'ils pourraient faire alors sans nuire à la sûreté de personne.

La délibération des deux jeunes gens en était là quand Fairford, qui écoutait avec délices la voix douce de Lilias Redgauntlet, dont un léger accent étranger rendait le son encore plus intéressant, sentit une lourde main tomber pesamment sur son épaule, tandis que la voix discordante de Pierre Peebles, enfin échappé au bon quaker, lui criait à l'oreille : — Ah! ah! jeune homme, je crois que je vous tiens. Vous êtes donc devenu avocat consultant? et vous prenez pour cliens des fichus et des cotillons! Mais un moment de patience, et vous verrez comme je vous arrangerai quand ma pétition et ma plainte seront discutées devant la cour de justice, avec vos répliques, si vous jugez à propos d'en faire.

Jamais Alan n'avait trouvé plus de difficulté à résister à un premier mouvement. Il fut violemment tenté de rendre avec usure, au vieux fou qui venait l'interrompre dans un pareil moment, le coup qu'il en avait reçu sur l'épaule; mais la longueur du discours que lui adressa Pierre Peebles lui donna le temps, heureusement peut-être pour les deux parties, de réfléchir sur l'extrême irrégularité de cet acte de violence. Il garda pourtant le silence, de dépit, et Pierre continua :

— Eh bien! mon brave garçon, je vois que vous êtes honteux de votre conduite, et cela n'est pas surprenant. Laissez là cette péronelle; ce n'est pas la société qu'il vous faut. J'ai entendu l'honnête M. Pest dire que la toge ne s'accorde pas avec le cotillon. Revenez chez votre pauvre père, j'aurai soin de vous tout le long du chemin, je vous tiendrai compagnie, et du diable si nous disons un seul mot d'autre chose que de la grande cause Pierre Peebles contre Plainstanes.

— Si tu peux endurer d'entendre parler de ce procès, dit le quaker, aussi long-temps que je l'ai fait par compassion pour toi, je crois vraiment que tu trouveras bientôt le fond de cette affaire, si toutefois elle en a un.

Fairford repoussa, avec un air d'indignation, la large main décharnée qui restait toujours appuyée sur son épaule, et il s'apprêtait à dire très-sérieusement au vieux plaideur ce qu'il pensait d'une interruption si déplacée et si insolente, quand la porte s'entr'ouvrit, et l'on entendit une voix grêle dire à la sentinelle : — Je vous dis qu'il faut que j'entre, pour voir si M. Nixon n'est pas là. — En même temps la tête du petit Benjie s'avança dans l'appartement. Mais, avant qu'il eût le temps de la retirer, Pierre Peebles ne fit qu'un saut jusqu'à la porte, saisit l'enfant par le collet, et le tira dans la chambre.

— Ah, ah! s'écria-t-il, vaurien que vous êtes, vous voilà donc, rejeton de Satan. Vous ne m'avez pas rendu vos comptes, gibier de potence ; mais je vous ferai en même temps la première et la seconde sommation.

— Que veux-tu donc faire, lui dit Josué. Pourquoi effraies-tu ainsi cet enfant, ami Peebles?

— J'ai donné à ce petit bâtard un penny pour m'acheter du tabac, répondit Pierre, il ne m'a pas rendu compte de sa mission ; mais je vais m'en rendre compte moi-même.

Et en parlant ainsi, il retournait les poches de la jaquette déguenillée de Benjie, dans lesquelles il trouva quelques lacs à prendre du gibier, des billes, une pomme à demi mangée, deux œufs qu'il avait volés, et dont Peebles cassa l'un dans sa vivacité ; enfin quelques autres bagatelles dont il paraissait fort douteux que l'enfant pût être propriétaire à bon droit. Le petit drôle, pendant ce temps, se débattait et jouait des ongles et des dents comme un renardeau ; mais, comme le renardeau, il ne faisait entendre ni un cri ni une plainte. Enfin Peebles trouva entre son gilet et sa chemise un papier qui tomba aux pieds de Lilias : c'était un billet adressé à C. N.

— C'est pour ce misérable Nixon, dit-elle à Fairford; ouvrez-le sans scrupule. Cet enfant est son émissaire. Nous verrons peut-être quels sont les projets de ce scélérat.

Benjie ne fit plus aucune résistance, il ne chercha même pas à défendre la possession d'un shilling que Pierre Peebles trouva dans une poche de ses culottes, et sur lequel le vieux plaideur déclara qu'il se rembourserait de ce qui lui était dû en principal et intérêts; après quoi il rendrait compte de l'excédant. L'enfant, dont l'attention paraissait occupée d'un objet tout différent, s'écria : — M. Nixon me tuera?

Alan n'hésita plus à lire le billet. Il ne contenait que ces mots : — Tout est préparé. Amusez-les jusqu'à ce que j'arrive ; vous pouvez compter sur votre récompense. C. C.

— Hélas ! mon oncle, mon pauvre oncle ! dit Lilias, voilà le résultat de sa confiance ! Il me semble que le meilleur service que nous puissions lui rendre maintenant, ainsi qu'à tous ceux que cette nouvelle intéresse, c'est de l'informer de la trahison de son confident. S'ils renoncent à leurs entreprises, comme il est indispensable qu'ils le fassent, Darsie sera en liberté.

A peine finissait-elle de parler, qu'ils étaient tous deux près de la porte entr'ouverte, Fairford insistant pour parler au père Bonaventure, et Lilias demandant, avec non moins d'instances, un moment d'entrevue avec son oncle. Tandis que la sentinelle hésitait sur ce qu'elle avait à faire, un grand bruit se fit entendre à la porte du cabaret ; un rassemblement nombreux venait de s'y former ; on criait que les ennemis, c'est-à-dire les commis des douanes, arrivaient. Tout ce tumulte, comme on l'apprit ensuite, n'était pourtant occasioné que parce que quelques rôdeurs avaient enfin découvert les corps morts de Nanty Ewart et de Cristal Nixon.

Au milieu du désordre causé par cet incident, la sentinelle, prenant l'alarme à son tour, ne songea plus à garder son poste, et Lilias, acceptant le bras de Fairford, entra sans obstacle dans l'appartement voisin, où les principaux conspirateurs, dont le conclave avait été troublé par les cris dont ils ignoraient la cause, étaient encore assemblés en grande confusion, et où le Chevalier lui-même venait de les joindre.

— Ce n'est rien qu'une mutinerie parmi ces coquins de contrebandiers, dit Redgauntlet.

— Rien qu'une mutinerie, dites-vous? répéta sir Richard Glendale; et le brick, l'unique espoir de salut pour... il jeta un coup d'œil sur Charles-Édouard ; ne le voyez-vous pas faire force de voiles pour s'éloigner de la côte?

— Ne vous inquiétez pas pour moi, dit le malheureux prince ; ce péril n'est pas le plus imminent de tous ceux auxquels mon destin m'a exposé ; et, quand il le serait, je saurais le braver. Songez à vous-mêmes, milords et messieurs.

— Jamais! s'écria le jeune lord B—. Nous n'avons plus d'espoir maintenant que dans une honorable défense.

— C'est la vérité, dit Redgauntlet ; — que le désespoir fasse renaître parmi nous l'union qu'un incident fâcheux avait troublée! Je prétends qu'on déploie à l'instant l'étendard royal. Que veut dire cela? s'écriat-il tandis que Lilias, après avoir sollicité son attention en le tirant par l'habit, lui mettait en main le billet trouvé sur Benjie, en lui disant qu'il était destiné à Cristal Nixon.

Redgauntlet le lut, et le fatal billet lui échappa des mains un moment. Immobile, Redgauntlet restait les yeux fixés sur l'endroit où il était tombé; mais sir Richard Glendale ramassa le papier, le lut à son tour, et s'écriant : — C'est à présent que tout est perdu! il le passa à Maxwell, qui dit tout haut : — C'est Colin Campbell, de par Dieu! j'avais entendu dire qu'il était arrivé de Londres en poste la nuit dernière.

Comme pour faire écho à ses pensées, on entendit un

violon, celui de l'aveugle, jouer avec force une marche célèbre de ce clan (1).

— Les Campbells arrivent tout de bon, dit Mac-Kellar; ils vont tomber sur nous avec le bataillon qui est à Carlisle.

Il y eut un moment de silence causé par le découragement, et deux ou trois individus se glissèrent hors de la chambre à petit bruit.

Lord Hotbrains prit enfin la parole, et ce fut avec l'esprit de générosité d'un jeune seigneur anglais.

— Si nous avons été des fous, s'écria-t-il, du moins ne soyons pas des lâches. Nous avons ici quelqu'un dont la vie est plus précieuse que toutes les nôtres; il est venu sur notre garantie; cherchons du moins à le sauver.

— Bien dit! très-bien dit! répondit sir Richard Glendale. Songeons au roi avant tout.

— Ce sera mon affaire, dit Redgauntlet, si nous avons seulement le temps de faire revenir le brick. Je vais sur-le-champ faire partir une barque pour lui porter des ordres. Il dit quelques mots à deux ou trois des gens de sa suite les plus actifs, qui sortirent de l'appartement. — Que le roi soit une fois à bord, ajouta-t-il, et nous sommes en nombre suffisant pour le défendre et couvrir sa retraite.

— C'est bien! dit sir Richard. J'examinerai les points qu'il est possible de défendre, et les anciens braves de la conspiration des poudres n'auraient pas fait une résistance plus désespérée que la nôtre. — Redgauntlet,

---

(1) « *The Campbells are coming.* » Voilà les Campbells qui viennent. — Éd.

ajouta-t-il en baissant la voix, je vois quelques-uns de nos amis qui pâlissent; mais il me semble que l'œil de votre neveu est plus ardent en ce moment qu'il ne l'était quand nous délibérions froidement, et que nous n'envisagions le danger que dans l'éloignement.

— C'est l'usage de notre maison, répondit Redgauntlet; notre courage n'est jamais plus exalté qu'en combattant pour le parti vaincu. Et moi aussi je sens que la catastrophe que j'ai amenée ne doit pas laisser survivre celui qui en a été l'auteur. Sire, dit-il en s'adressant à Charles, permettez-moi seulement de mettre l'auguste personne de Votre Majesté en sûreté, autant que possible, et alors...

— Je vous ai déjà dit de ne pas songer à moi, messieurs, répéta le prince; vous verrez la montagne de Criffel prendre la fuite avant moi.

Plusieurs des jacobites se jetèrent à ses pieds en versant des larmes, et en le conjurant de changer de résolution, tandis que deux d'entre eux sortaient encore de la chambre; et l'on ne tarda pas à entendre le galop de leurs chevaux. Dans ce moment de consternation, Darsie, Lilias et Fairford, à qui personne ne songeait, formaient un petit groupe à part, et se tenaient par la main comme des passagers à bord d'un bâtiment prêt à couler à fond, et qui ont résolu d'attendre ensemble la vie ou la mort.

Au milieu de cette scène de confusion, un homme vêtu simplement, en habit de cavalier, ayant à son chapeau une cocarde noire, et sans autres armes qu'un couteau de chasse, entra sans cérémonie dans l'appartement. C'était un homme de grande taille, de bonne mine, et dont l'air et les manières annonçaient un militaire. Il avait passé au milieu des gardes (s'ils étaient encore à leur poste dans ce moment de désordre), sans être ni arrêté, ni même questionné, et il se trouvait presque sans armes au milieu d'hommes armés, qui ne l'en regardaient pas moins comme l'ange exterminateur.

— Vous me faites un accueil bien froid, messieurs, dit-il. — Sir Richard Glendale, lord B—, nous ne sommes pourtant pas étrangers les uns aux autres. — Ah! Tête-en-Péril, comment vous va? — Et vous, Ingoldsby, car je ne veux pas vous donner un autre nom, pourquoi recevez-vous si froidement un ancien ami? Mais vous devinez sans doute le sujet de mon arrivée?

— Et nous y sommes préparés, général, répondit Redgauntlet. Nous ne sommes pas gens à nous laisser parquer comme des moutons destinés à la boucherie.

— Allons donc! répliqua Campbell, vous prenez la chose trop sérieusement. Laissez-moi seulement vous dire un mot.

— Rien de ce que vous nous direz ne peut ébranler notre résolution, répondit Redgauntlet, quand même cette maison, ce qui est assez probable, serait déjà entourée par vos troupes.

— Certainement je ne suis pas venu tout-à-fait seul, dit le général; mais si vous vouliez m'écouter...

— Écoutez-moi vous-même, monsieur, dit l'Aventurier en s'avançant vers lui: je présume que c'est moi qui suis le but de votre visite. Je me rends volontairement, pour éviter tout danger à ces messieurs. Permettez que cela du moins parle en leur faveur.

— Jamais! jamais! s'écrièrent le petit nombre de partisans qui restaient fidèles au malheureux prince; et, se jetant au-devant de lui, ils auraient saisi, et peut-être même frappé Campbell, s'ils ne l'eussent vu rester avec sang-froid, les bras croisés, d'un air qui annonçait plutôt l'impatience de voir qu'on ne voulût pas l'entendre, que la crainte qu'on ne se portât à quelque violence contre lui.

Enfin il obtint un moment de silence : — Je ne connais pas monsieur, dit-il en saluant respectueusement le fils des rois d'Écosse ; je ne cherche pas à le connaître ; cette connaissance n'est à désirer ni pour lui ni pour moi.

— Nos ancêtres se sont pourtant bien connus, dit l'infortuné prince, ne pouvant, même dans ce moment d'alarmes et de dangers, bannir le souvenir de la grandeur royale dont sa maison était déchue.

— En un mot, général Campbell, dit Redgauntlet, nous apportez-vous la paix ou la guerre ? Vous êtes homme d'honneur, et nous pouvons avoir confiance en vous.

— Je vous remercie, monsieur, et je vous dis que la réponse à votre question dépend de vous-même. Allons, messieurs, point de folies ! Il n'y a peut-être pas grand mal, ni de fait, ni d'intention, que vous soyez réunis dans ce coin obscur et retiré, pour un combat d'ours, ou de coqs, ou quelque autre amusement semblable ; mais cette démarche était un peu imprudente, attendu votre situation avec le gouvernement, et elle a occasioné quelque inquiétude. Des rapports exagérés de vos desseins ont été mis sous les yeux de l'autorité, par suite de la délation d'un traître admis dans vos conseils ; et j'ai été envoyé en poste pour prendre le commandement d'un corps de troupes suffisant, dans le cas où ces calomnies pourraient avoir quelque fondement. Je suis venu ici, en conséquence, avec une troupe de cavalerie et d'infanterie, et muni de pleins-pouvoirs pour faire ce que les circonstances exigeraient; mes instructions cependant (qui sont d'accord avec mon inclination) portent de n'arrêter personne, de ne faire même aucune enquête sur ce qui s'est passé, si les braves gens ici présens veulent consulter assez leur intérêt pour renoncer aux projets qu'ils ont pu avoir, et retourner paisiblement sur-le-champ chacun chez soi..

— Quoi! tous! s'écria Richard Glendale, tous sans exception!

— Tous, sans la moindre exception, répondit le gégéral : tels sont mes ordres. Si vous acceptez mes conditions, dites-le-moi et faites diligence; car il pourrait survenir des événemens qui mettraient obstacle aux bonnes intentions de Sa Majesté envers vous tous.

— Les bonnes intentions de Sa Majesté! répéta Charles, vous ai-je bien entendu, monsieur?

— Je vais vous citer les propres paroles du roi, répondit Campbell, et je les ai moi-même entendues sortir de sa bouche :—Je mériterai la confiance de mes sujets, me dit Sa Majesté, en faisant reposer ma sûreté sur les millions de personnes qui reconnaissent la légitimité de mes droits, et sur le bon sens et la prudence du petit nombre de ceux qui, par suite des erreurs de leur éducation, persistent à les méconnaître. — Sa Majesté ne veut pas croire que les plus zélés jacobites qui restent encore puissent nourrir une seule pensée d'exciter une guerre civile qui serait fatale à leurs familles et à eux-mêmes, et qui couvrirait de sang et de ruines un pays si tranquille. Le roi même ne peut croire que son parent voudrait engager des hommes braves et généreux, quoique égarés, à tenter une entreprise qui causerait la perte de tous ceux qui ont échappé aux calamités précédentes ; et il est convaincu que si la curiosité ou quelque autre motif engageait ce parent à venir en Angleterre, il reconnaîtrait bientôt que le plus sage parti qu'il pût prendre serait de retourner sur le continent, et la noble compassion que son sort inspire à Sa Majesté l'empêcherait d'apporter aucun obstacle à son départ.

— Parlez-vous sincèrement? dit Redgauntlet ; est-il possible que vous vouliez dire qu'il est permis à moi, à tous ceux qui sont ici, à qui que ce soit de nous, de s'embarquer sans obstacle sur le brick que je vois en ce moment manœuvrer pour se rapprocher du rivage?

— Oui, monsieur, répondit le général ; vous, tous ces messieurs, chacun d'eux, tous ceux que ce bâtiment peut contenir, sont libres de s'y embarquer sans obstacle. Mais je ne conseille à personne de le faire sans en avoir de puissantes raisons, indépendantes de la réunion qui a eu lieu ici ; car un oubli complet couvrira tout ce qui s'y est passé.

— En ce cas, messieurs, dit Redgauntlet en se tournant vers ses amis, la cause est perdue pour toujours.

Le général Campbell s'avança vers une fenêtre, comme pour éviter d'entendre ce qui se disait. Leur délibération ne dura qu'un instant, car la porte de salut qui s'ouvrait aux partisans ébranlés de Charles était aussi inattendue que leur situation était dangereuse.

— Vous nous donnez votre parole d'honneur, général, dit sir Richard Glendale, que si nous nous séparons en nous soumettant aux ordres dont vous êtes porteur, nous ne serons pas inquiétés pour le passé?

— Je vous la donne, répondit Campbell.

— Et j'ai votre promesse, ajouta Redgauntlet, qu'il me sera permis de m'embarquer à bord de ce brick, avec tel ami qui voudra m'accompagner?

— Bien plus encore, M. Ingoldsby, dit le général, ou, dirai-je encore pour cette fois, Redgauntlet; vous pourrez même rester en rade pendant une marée, afin de donner le temps à quiconque peut être demeuré à Fairladies de venir vous joindre. Après cela, un sloop de guerre sera stationné dans ces parages, et je n'ai pas besoin de vous dire que votre situation deviendrait dangereuse.

— Elle ne le serait pas, général Campbell, dit Redgauntlet, ou elle le serait davantage pour les autres que pour nous, si tout le monde pensait comme je pense, même en cette extrémité.

— Vous vous oubliez, mon ami, dit le prince; vous oubliez que l'arrivée de monsieur ne fait que mettre le sceau à la résolution que nous avions déjà prise de renoncer à notre combat de taureau, ou quel que soit le nom qu'on veuille donner à une entreprise mal conçue. — Adieu, ajouta-t-il en saluant Campbell, mon généreux ennemi. Je quitte cette côte, comme j'y suis arrivé, seul, et pour ne jamais y revenir.

— Non pas seul, s'écria Redgauntlet; tant qu'il se trouvera une goutte de sang dans mes veines.

—Non pas seul! répétèrent plusieurs autres, entraînés par un sentiment qui ne leur permettait pas de suivre les conseils d'une froide prudence; nous ne désavouerons pas nos principes; nous ne laisserons pas votre personne en péril.

— Si vous n'avez d'autre dessein que de voir monsieur s'embarquer, dit le général Campbell, je vous accompagnerai moi-même. Ma présence au milieu de vous, sans armes et en votre pouvoir, sera un gage de mes dispositions amicales, et elle détruira tout obstacle que des gens trop officieux pourraient vouloir apporter à l'embarquement.

— Soit, dit Charles-Édouard avec l'air d'un prince qui accorde une grace à un sujet, et non en roi qui cède à la demande d'un ennemi trop puissant pour qu'il puisse le refuser.

Ils quittèrent la chambre, et sortirent de la maison. Le bruit, dont personne ne connaissait l'origine, qu'un corps de troupes considérable s'avançait vers cet endroit, avait répandu une terreur universelle dans le cabaret; les gens de la suite des conspirateurs, qui naguère en remplissaient les salles et les cours, avaient disparu; et les habitans de la maison, ayant tous quelque raison pour craindre les bras de la loi, s'étaient cachés dans quelques coins obscurs, ou avaient pris la fuite, de sorte qu'il y régnait une solitude complète. On ne voyait dans les environs que la petite troupe qui s'avançait vers la jetée, où une barque attendait, conformément aux ordres de Redgauntlet.

Le dernier héritier des Stuarts s'appuyait sur le bras de Redgauntlet, en se rendant vers le rivage, car il ne possédait plus cette légèreté qui, vingt ans auparavant, lui faisait gravir les montagnes d'Écosse avec la vitesse des daims qui les habitent. Ses partisans le suivaient, les yeux baissés; car l'instinct de leur cœur luttait contre les conseils de leur raison.

Le général Campbell les accompagnait avec un air

d'aisance et d'indifférence; mais il surveillait en même temps, et peut-être non sans quelque inquiétude secrète, les traits changeans de ceux qui jouaient un rôle dans cette scène extraordinaire.

Darsie et sa sœur suivaient naturellement leur oncle, dont ils ne redoutaient plus la violence, et dont le caractère leur inspirait du respect. Alan Fairford les accompagnait, par suite de l'intérêt qu'il prenait à leur destin, sans que personne fît attention à lui, chacun étant trop occupé de ses propres pensées, dans ce moment de crise, pour songer à s'occuper de notre jeune avocat.

A mi-chemin, entre le cabaret et le rivage, ils trouvèrent les corps de Nanty Ewart et de Cristal Nixon, encore étendus par terre.

— Voilà notre délateur, dit Redgauntlet en tournant la tête et en montrant le corps de Nixon à Campbell.

Le général ne répondit que par un signe affirmatif.

— Misérable! dit Redgauntlet; et cependant ce nom conviendrait mieux au fou qui a pu te donner sa confiance.

— Ce bon coup de sabre, dit Campbell, nous épargne la honte de récompenser un traître.

Ils arrivèrent au lieu de l'embarquement. Le prince resta un moment les bras croisés sur sa poitrine, en silence, et jetant un regard mélancolique autour de lui. En ce moment on lui glissa un papier dans la main; il le lut, et dit à Campbell: — J'apprends que les amis que j'ai laissés à Fairladies sont instruits de mon départ, et se proposent de s'embarquer à Bowness. J'espère que ce ne sera pas une infraction aux conditions convenues.

— Certainement non, répondit le général : ils auront toute facilité pour vous joindre.

— Je ne désire donc qu'un autre compagnon, dit Charles. Redgauntlet, l'air de ce pays ne vous convient pas mieux qu'à moi ; ces messieurs ont fait leur paix, ou plutôt ils n'ont rien fait pour la rompre, mais vous !... Venez, et partagez avec moi le séjour que le sort me réserve. Nous ne verrons plus ce pays, mais nous en parlerons, ainsi que de notre combat de taureau manqué.

— Je vous suivrai toute la vie, Sire, répondit Redgauntlet, comme je vous aurais suivi à la mort ; accordez-moi un seul instant.

Le prince jeta encore un regard autour de lui, et voyant ses adhérens, mornes et les yeux baissés, il s'empressa de leur dire : — Messieurs, ne croyez pas que je vous sois moins obligé parce que votre zèle a été accompagné de prudence. Je suis sûr que cette réserve avait pour cause mon intérêt et celui de votre pays, plutôt que des craintes personnelles.

Il alla de l'un à l'autre, et, au milieu des pleurs et des sanglots, il reçut les adieux des derniers partisans qui avaient soutenu ses prétentions, puis il adressa à chacun d'eux individuellement des paroles d'affection et de bonté.

Pendant cette scène, le général se retira un peu à l'écart, et fit signe à Redgauntlet qu'il désirait lui parler.

— Tout est fini maintenant, lui dit-il quand il se fut approché de lui, et le nom de jacobite ne sera plus désormais le ralliement d'un parti. Quand vous serez las de vivre en pays étranger, et que vous voudrez faire votre paix, faites-le-moi savoir... Ce n'est que votre zèle trop remuant qui a empêché jusqu'ici qu'on ne vous accordât votre grace.

— Et je n'en aurai plus besoin dorénavant, répondit Redgauntlet ; je quitte l'Angleterre, et je ne la reverrai jamais... Mais je ne serai pas fâché que vous entendiez mes adieux à ma famille. — Mon neveu, approchez. Je vous dis, en présence du général Campbell, que, quoique mon désir le plus ardent, pendant bien des années, ait été de vous élever dans des opinions politiques semblables aux miennes, je suis charmé maintenant de n'avoir pu y réussir. Vous passez sous le service du monarque régnant, sans être dans la nécessité de changer votre allégeance ; changement, ajouta-t-il en jetant un coup d'œil vers ses compagnons, qui paraît pourtant moins difficile pour des hommes d'honneur que je ne me le serais imaginé ; mais dans ce monde les uns portent sur leurs vêtemens les signes de leur loyauté, et les autres les ont gravés dans leur cœur. Vous allez être en possession de la fortune dont la confiscation n'a pu priver votre père ; vous aurez tout ce qui lui a appartenu, excepté sa vaillante épée, dit-il en mettant la main sur la garde ; car jamais elle ne sera tirée pour la maison d'Hanovre ; et, comme ma main ne portera plus les armes, je l'ensevelirai à quarante brasses sous la mer. Que le ciel vous protège ! jeune homme ! Si je vous ai traité durement, pardonnez-le-moi. Tous mes désirs n'avaient qu'un but : Dieu sait que ce n'était par aucune vue d'égoïsme ; et en voyant se terminer ainsi tous mes projets, je suis justement puni d'avoir été trop peu scrupuleux sur le choix des moyens par lesquels je voulais réussir. Adieu, ma nièce, et puisse le ciel vous protéger aussi !

— Non, mon oncle, dit Lilias en lui saisissant la main avec empressement ; vous avez été mon protecteur ; vous êtes maintenant dans le chagrin : permettez-moi d'être votre compagne d'exil, votre consolatrice.

— Je vous remercie, ma fille, lui répondit son oncle ; je vous remercie d'une affection que j'ai peu méritée. Mais cela ne peut ni ne doit être. Je vais habiter la maison d'un autre. Si je la quitte avant de quitter la terre, ce ne sera que pour la maison de Dieu. Adieu encore une fois ; adieu, mes enfans ! Le signe fatal attaché à la maison de Redgauntlet va en disparaître, j'espère, ajouta-t-il avec un air mélancolique, puisque celui qui en est le représentant actuel est attaché au parti vainqueur. S'il devenait un jour le parti vaincu, je suis persuadé qu'Arthur n'en changerait pas.

L'infortuné Charles-Édouard avait fait ses derniers adieux à ses partisans consternés. Il fit un signe de la main à Redgauntlet qui alla l'aider à monter sur la barque. Le général Campbell lui offrit aussi son assistance, tous les autres étant trop affectés par la scène qui venait de se passer, pour avoir songé à le prévenir.

— Vous n'êtes pas fâché, général, de me faire cette dernière politesse, lui dit le prince, et, quant à moi, je vous en remercie. Vous m'avez appris le principe d'après lequel un homme sur l'échafaud pardonne à son exécuteur, et a même pour lui un sentiment de bienveillance. — Adieu.

Ils étaient alors assis dans la barque, et elle commença à s'éloigner du rivage. Le docteur de l'université d'Oxford appela à haute voix toutes les bénédictions du ciel sur le prince qui partait, en des termes que Campbell était trop généreux pour blâmer alors ou pour se rappeler ensuite. On dit même que, tout Whig et tout Campbell qu'il était, il ne put s'empêcher de joindre sa voix à celles qui prononcèrent un *Amen* qui retentit sur tout le rivage.

CHAPITRE XXIV.

CONCLUSION.

LETTRE DU D.ʀ DRYASDUST A L'AUTEUR DE WAVERLEY.

Je suis véritablement fâché, mon digne et respectable ami, de n'avoir pu, malgré les recherches les plus exactes, découvrir sous forme de lettres, de journaux ou d'autres renseignemens, plus de détails sur les Redgauntlet, que ceux que je vous ai déjà transmis. Mais j'ai trouvé dans un vieux journal intitulé *Gazette de White-Hall*, dont je possède heureusement une collection complète, que sir Arthur Darsie Redgauntlet fut présenté au feu roi à un de ses levers (1), par le lieutenant-général Campbell. Sur quoi l'éditeur remarque, par forme de commentaire, que nous marchons à pleines

(1) La *présentation* est l'affaire importante de la vie politique d'un Anglais. Un seul *lever* du roi George IV, à Édimbourg, a éteint la dernière étincelle du *stuartisme* en Écosse. — Éᴅ.

voiles et avec la rame *velis atque remis* dans les intérêts du Prétendant, puisqu'un Écossais avait présenté un jacobite à la cour. Je suis fâché de n'avoir pas assez de place, mon écriture n'étant pas fort menue, pour vous faire part du surplus de ses observations, qui tendaient à démontrer que ce n'était pas sans raison que des gens instruits de ce temps craignaient que le jeune roi lui-même ne se laissât aller à devenir membre de la faction des Stuarts, catastrophe dont il a plu au ciel de préserver ce royaume.

Je vois aussi, par un contrat de mariage conservé dans les archives de cette famille, qu'environ dix-huit mois après les événemens que vous avez relatés, miss Lilias Redgauntlet épousa Alan Fairford de Clinkdollar, avocat; et je crois qu'on peut assez raisonnablement en conclure que c'est le même individu dont le nom se trouve si souvent dans les pages de votre narration.

Je puis vous dire aussi que, lors de mon dernier voyage d'Édimbourg, j'eus le bonheur de rencontrer un vieux clerc de qui je parvins à tirer quelques renseignemens importans, à l'aide d'une bouteille de whisky et d'une demi-livre de tabac qu'il m'en coûta. Il avait parfaitement connu Pierre Peebles, et il avait bu avec lui plus d'un mutchkin, du temps du vieux Fraser. Il me dit qu'il avait vécu dix ans après l'avénement au trône de George III, toujours dans l'attente de gagner son procès chaque jour de session, et chaque heure de chaque jour, et qu'enfin il mourut subitement, par suite de ce que le vieux clerc appelait une attaque de *perplexité*, à l'instant où on lui faisait des propositions d'arrangement. J'ai conservé le mot dont s'est servi celui de qui je tiens ces détails, ne pouvant déterminer précisément si c'est une corruption du mot apoplexie, comme le suppose M. Oldbuck, ou si c'est le nom d'une maladie particulière aux plaideurs, chaque profession, comme vous le savez, en ayant qui lui semblent spécialement attachées.

Le clerc même se rappelait parfaitement aussi l'aveugle Willie Steenson, plus connu sous le nom de Willie-le-Vagabond, et qui finit ses jours paisiblement dans un coin de la maison de sir Arthur Darsie Redgauntlet. Il prétendait avoir rendu quelques bons services à la famille, surtout dans une occasion où un capitaine du comté d'Argyle était venu pour surprendre une troupe de gentilshommes qui avaient dans le cœur du vieux levain, et qu'il aurait pendus ou décapités jusqu'au dernier. Mais Willie et un ami qu'il avait nommé Robin-le-Rôdeur, les en avertirent en jouant l'air : — *Voilà les Campbell qui viennent,* ce qui leur donna le temps de se sauver. Vous avez trop d'intelligence pour que j'aie besoin de vous faire remarquer que cette version, quoique peu correcte, semble avoir rapport aux événemens auxquels vous prenez tant d'intérêt.

Relativement à sir Hugh Redgauntlet, sur l'histoire duquel vous me demandez plus particulièrement des détails, j'ai appris d'un homme respectable qui était prêtre dans le monastère écossais de Ratisbonne avant sa suppression, qu'il avait passé deux ou trois ans dans la maison du Prétendant, et qu'il ne l'avait quittée qu'en conséquence de quelque mésintelligence qui y régnait. Ce fut pour entrer dans un cloître, comme il l'avait donné à entendre au général Campbell, et il consacra les dernières années de sa vie à la pratique des devoirs de la religion, qu'il avait jusque-là un peu trop négligés, ne s'étant occupé que d'intrigues et de manœuvres politiques. Il fut élevé au grade de prieur dans la maison qu'il avait choisie, et qui était d'un ordre fort austère. Il recevait quelquefois la visite de ceux de ses concitoyens que le hasard amenait à Ratisbonne, et que la curiosité engageait à aller voir son couvent. Mais on remarqua que, quoiqu'il écoutât avec attention et intérêt toutes les fois qu'on parlait de l'Angleterre et surtout de l'Écosse, cependant il ne cherchait jamais à faire tomber la conversation sur ce sujet, ni à la prolonger; qu'il ne parlait jamais anglais, ne faisait aucune question sur les affaires de la Grande-Bretagne, et encore moins sur celles de sa famille.

La manière stricte et rigide dont il avait observé les règles de son ordre lui donnait après sa mort quelques droits à être canonisé; les frères de son monastère firent de grands efforts pour y parvenir, et produisirent quelques preuves plausibles de miracles opérés sur son tombeau. Mais il existait une circonstance qui jeta du doute sur ce sujet, et qui empêcha le consistoire de céder aux désirs des dignes frères : il avait continuellement porté sous son habit, dans un médaillon d'argent suspendu à son cou, une boucle de cheveux que les bons frères prétendaient être une relique; mais *l'avocato del Diavolo* (1), en combattant, comme c'était son devoir officiel, les prétentions du candidat à la sainteté, rendit du moins également probable que la relique supposée avait été prise sur la tête d'un frère du prieur, décapité

---

(1) L'avocat du diable, personnage des canonisations monacales. — Éd.

comme partisan de la maison de Stuarts, en 1746, et la devise *haud obliviscendum* semblait indiquer un sentiment mondain et un souvenir des injures, qui portait à douter que, même dans le repos et l'obscurité du cloître, le père Hugo eût jamais oublié ce qu'avait souffert la maison de REDGAUNTLET (1).

(1) Ici finissent les aventures des Stuarts dans les romans de sir Walter Scott. Nous avons indiqué dans la *Notice* l'espèce de lien qui, depuis *le Monastère* jusqu'à *Redgauntlet*, rattache l'une à l'autre les diverses compositions de l'auteur où cette dynastie malheureuse est mise en scène. — ÉD.

FIN DE REDGAUNTLET.

ŒUVRES COMPLÈTES
DE
SIR WALTER SCOTT.

Cette édition sera précédée d'une notice historique et littéraire sur l'auteur et ses écrits. Elle formera soixante-douze volumes in-dix-huit, imprimés en caractères neufs de la fonderie de Firmin Didot, sur papier jésus vélin superfin satiné; ornés de 72 *gravures en taille-douce* d'après les dessins d'Alex. Desenne; de 72 *vues* ou *vignettes* d'après les dessins de Finden, Heath, Westall, Alfred et Tony Johannot, etc., exécutées par les meilleurs artistes français et anglais; de 30 *cartes géographiques* destinées spécialement à chaque ouvrage; d'une *carte générale de l'Écosse*, et d'un *fac-simile* d'une lettre de Sir Walter Scott, adressée à M. Defauconpret, traducteur de ses œuvres.

CONDITIONS DE LA SOUSCRIPTION.

Les 72 volumes in-18 paraîtront par livraisons de 3 volumes de mois en mois; chaque volume sera orné d'une *gravure en taille-douce* et d'un titre gravé, avec une *vue* ou *vignette*, et chaque livraison sera accompagnée d'une ou deux *cartes géographiques*.

Les *planches* seront réunies en un cahier séparé formant *atlas*.

Le prix de la livraison, pour les souscripteurs, est de 12 fr. et de 25 fr. avec les gravures avant la lettre.

Depuis la publication de la 3ᵉ livraison, les prix sont portés à 15 fr. et à 30 fr.

ON NE PAIE RIEN D'AVANCE.

Pour être souscripteur il suffit de se faire inscrire à Paris

Chez les Éditeurs :

A. SAUTELET ET Cᵉ,
LIBRAIRES,
Place de la Bourse.

CHARLES GOSSELIN, LIBRAIRE
DE S. A. R. M. LE DUC DE BORDEAUX,
Rue St.-Germain-des-Prés, n. 9.

www.ingramcontent.com/pod-product-compliance
Lightning Source LLC
Chambersburg PA
CBHW062234180426
43200CB00035B/1731